Cesar C. Nieto-Quintela

Conocimiento básico

**Filosofía sobre las características y el
comportamiento de los seres**

Título: Conocimiento Básico
Autor: César C. Nieto-Quintela

ISBN-1541262999

Segunda edición revisada.
Titulo original: "En la vida"
© César C. Nieto-Quintela – 2007

Edición en ingles

Títle: Basic Knowledge
Author: César C. Nieto-Quintela

© Cesar C. Nieto-Quintela 2014

¿Son sueños las visiones
o son las visiones sueños?
¿Son mentira o son verdad?
¿Son realidad o ilusiones?

Ante el Destino

Impávida la eternidad observa
el paso del tiempo y de las vidas.
Nuestro esfuerzo, raíces y pasado,
el hoy de cada día hacen.

Asumiendo el propio destino.
Luchando inútilmente.
Buscando respuestas imposibles.
Intentando penetrar
el enigma del mañana.
Algunos en lucha sin tregua,
otros negándolo todo.
Cerrando los ojos al misterio,
construyendo el presente,
una huella en el futuro.

Nuestro hacer, raíces y pasado
gobiernan la barca de la vida.
el tiempo inexorable
ignora los anhelos.
Seres invisibles mueven a su antojo,
los hilos del destino que nos atan.
cerremos la mente a los deseos
para ser felices mientras tanto.

Había una vez una pregunta que estaba muy triste porque nadie era capaz de contestarla.

Desesperada, la pregunta entró en la mente de muchos hombres para hacerles pensar y de esa manera encontrar una respuesta a su existencia.

La pregunta comenzó a dar vueltas en la mente de los hombres; muchos de ellos sacudieron la cabeza y dijeron: ¡que cosas tan tontas me vienen a la mente! Y olvidaron el pensamiento.

Otros hombres se dijeron: ¿Por qué estoy pensando en cosas tan complicadas? No tengo ni la menor idea sobre eso y tengo un montón de cosas que hacer para perder el tiempo de esa manera, y también descartaron la pregunta.

Finalmente un hombre con la pregunta girando en su mente, consciente de que no tenia respuesta, decidió encontrar una solución preguntando a otra gente, pero después de haber consultado a los hombres mas sabios, aun no tenia una respuesta. Investigare hasta encontrar la respuesta, se dijo.

Entonces la pregunta ¡comenzó a tener esperanza!

Índice

Capítulo   Página

Condicionamiento de los seres

Opciones de evolución

Introducción

La innata curiosidad del ser humano le impulsa a investigar lo desconocido; yo no he sido una excepción y desde que aprendí a leer cuando tenía tres años, nunca dejé de hacerlo hasta ahora. Mi padre tenia una gran biblioteca que todavía recuerdo visualmente después de tanto tiempo, ese fue mi depósito para el conocimiento; allí siempre podía encontrar algo nuevo fascinante, que a veces hacia volar mi imaginación y otras era un desafío a mi todavía inmaduro entendimiento, forzándome a pensar para tratar de encontrar una respuesta, lo que usualmente ocurría cuando nuevas lecturas aclaraban algo que había permanecido oscuro para mi mente hasta ese momento.

La mejor atracción para mí en la lectura eran los misterios, algo para lo cual yo era incapaz de encontrar una explicación y el propio autor del libro aseguraba que no la tenía. No es posible, me decía ¡todo tiene una explicación! Entonces mi pensamiento volaba tratando de encontrar una respuesta y aunque no tuviera éxito en el momento, años después esta práctica junto con mis estudios, especialmente los de filosofía, incrementaron mi capacidad de análisis y me proporcionaron una gran facilidad para encontrar toda clase de soluciones.

A los once años mi capacidad mental había madurado lo suficiente como para hacer deducciones un poco mas avanzadas, recuerdo que a esa edad, di una charla en el colegio en relación a las teorías de Gustave Le Bon sobre la energía intra-atómica, contradiciendo el principio de la conservación de la materia de Antoine Lavoisier que nos había sido enseñado recientemente.

La gente aprende en una especia de progresión geométrica. El estudio incrementa el conocimiento, y aunque el ritmo de estudio sea el mismo, el progreso es cada vez mayor porque se incrementan el nivel de comprensión así como la capacidad deductiva y las fuentes de futuros análisis.

Sin embargo, cognitivamente el efecto es al contrario, porque para el estudioso un gran conocimiento le hace sentirse más ignorante, la razón para ello es que el contacto con lo desconocido que ignora es mayor que antes. Si hipotéticamente consideramos el conocimiento como un circulo en donde lo conocido está dentro y lo desconocido afuera, aquellos que no saben nada porque no tuvieron acceso a ninguna clase de estudio, tienen un circulo de conocimiento con un perímetro muy pequeño, en consecuencia su contacto con lo desconocido es insignificante, lo que les lleva a pensar que saben mucho porque dominan las actividades de su vida diaria. Sin embargo, quien ha tenido la oportunidad de ampliar grandemente el círculo de su conocimiento, tiene un contacto tan grande con lo desconocido que se considera un ignorante. ¡Esta es una paradoja interesante!

Mas tarde llegué a la conclusión de que el mayor misterio que podemos encontrar en este mundo son los propios hombres. Verdaderamente, el mayor desafío al conocimiento en este mundo es el ser humano que analizado como un conjunto es todavía un misterio, muchas de sus partes son secretos cerrados al conocimiento humano. Esto fue suficiente para hacer del ser humano mi objeto primario de interés, al tiempo que un tema fascinante y descorazonador a la vez.

Para la gente, la vida es una oportunidad para de evolucionar. Nuestra vida tiene un propósito y pasa tan rápidamente que no se puede desperdiciar ni un instante. Estamos en una cuenta atrás hacia el final de esta era, que bajo nuestro concepto del tiempo podrá durar todavía muchos años; será sin embargo, como ya está siendo, en medio de continuos desastres, unos naturales y otros provocados por el hombre.

El mundo no se va a acabar, pero esta era que comenzó varios milenios antes de nuestro primer siglo, va a desaparecer para ser sustituida por un nuevo orden de cosas. Cada era termina cuando la corrupción general sobrepasa los limites permitidos.

El comportamiento de algunos seres en este mundo, es una crónica repetida de abuso, corrupción e inmoralidad cada vez peor. Lo importante para la gente, por su transcendencia, es estar conscientes de cual debe ser el comportamiento correcto durante su vida.

Cualquier ser humano capaz de razonar se hace infinidad de preguntas sobre él mismo para las que no encuentra respuesta; unos simplemente la desechan de su mente y siguen viviendo, otros piensan e investigan para encontrar un significado a su existencia.

Este trabajo pretende mostrar la naturaleza, tendencias y sentimientos del ser humano así como cual debe ser el comportamiento correcto de cualquier persona ante las diferentes situaciones en las que pueda encontrarse en la vida. Por supuesto como son tantos los aspectos que van a ser tratados, solo se suministrara información básica, pues de cada una de las materias podría escribirse un libro voluminoso.

Las consideraciones que se harán relativas a la vida del ser humano van a tener como fundamento por una parte la equidad porque ella es la base de la justicia y por la otra la continuidad de la existencia del ser después de la muerte.

Cada vez que en este trabajo se mencione al "hombre", será genéricamente considerado, es decir, aludiendo al ser humano en general de cualquier género, raza, edad, o condición. Cuando se mencione el alma o el espíritu se estará aludiendo al principio vital que a través del subconsciente matiza todos nuestros actos; esa fuerza interior que provoca en nosotros sentimientos, emociones y tendencias a veces contradictorias; a esa sensación que en ocasiones parece oprimirnos el pecho cuando nos dejamos llevar por la inclinación a hacer algo que no deberíamos o a dejar de hacer algo que si deberíamos.

En el ser humano existe una interrelación cuerpo espíritu y espíritu cuerpo, ambos son importantes precisamente debido a esa convivencia, ya que cada uno afecta y necesita al otro. Es evidente que por su trascendencia el espíritu es de mayor importancia para los hombres, ya que el cuerpo es como un vehículo muy sofisticado que el espíritu usa por un tiempo por lo demás sumamente efímero en términos de inmortalidad. Sobre el cuerpo aun no conocemos todo, algunas de sus partes mas importantes, como el cerebro, tiene aspectos que aun permanecen oscuros. Pero sobre el espíritu no sabemos casi nada.

Algunos no toman en consideración la existencia del espíritu porque no encuentran una demostración de su presencia, aunque, verdaderamente, tampoco pueden demostrar que no existe. Realmente hay una porción de energía intangible conectada a la energía que rige el Universo que anima nuestro cuerpo.

El hombre no ha sido previsto para estar solo sino para tener una vida de relación más o menos intensa con sus semejantes, es por eso que su actividad consciente es importante ya que no solo afecta su propia vida sino también la de sus semejantes.

Desde el origen de los tiempos conocidos, la historia muestra la disparidad entre los hombres en su forma de ser, de sentir y de comportarse, lo que ha sido causa de una incontable sucesión de guerras y destrucciones en las que fueron masacrados millones de seres humanos.

Debido a la reacción de los hombres ante los conceptos de bondad y maldad, el hombre no puede ser dejado solo a su arbitrio, porque el resultado sería desastroso, es así que a pesar de que la distinción entre bien y mal está en la mente de todos los hombres desde que nacen, fue necesario establecer leyes para tratar de mantener el orden y la armonía entre los hombres y proteger a los buenos de las malas tendencias de los otros.

De no existir ese aspecto negativo de la naturaleza humana, las leyes no hubieran sido necesarias, ya que todo el mundo respetaría las formas correctas de comportamiento inspiradas en el Derecho Natural.

La creciente proporción en la desviación de la conducta de los hombres en el cumplimiento de la ley, ha sido motivo suficiente, por la trascendencia de dicha circunstancia, para tratar de determinar la razón por la que en la naturaleza humana con las dos posibles tendencias: bien y mal, la del mal haya proliferado en tal medida.

Este no es un dilema nuevo, ha sido objeto de infinidad de comentarios a través de los tiempos. En general las tendencias de las opiniones han ido a los extremos, un conocido ejemplo de ello son las clásicas posiciones de dos conocidos pensadores: J. J. Rousseau que apostaba por la bondad del hombre mientras que Thomas Hobbes lo consideraba egoísta y escribió que el hombre es un lobo para el hombre, seguramente parodiando a Plauto quien lo afirmo dos siglos antes de nuestra era.

¡Está bien! Pero ¿Por qué? El hombre, está en este mundo material entre nacimiento y muerte como ente dual en el que su parte intangible (alma o espíritu) está sometida al cuerpo material.

El cuerpo por su parte nutre su mente de percepciones materiales que le traen los sentidos. El hombre poco evolucionado, no se limita a ver con agrado lo placentero, sino que dejándose llevar por su parte material persigue el placer, la comodidad y el ocio, aunque sea en detrimento de su cuerpo y por ende de su alma, no disfruta del placer, abusa de él.

El hombre también ve como sus semejantes mueren en cualquier momento y a cualquier edad pero desconoce absolutamente el significado de la muerte.

Para algunos hombres la muerte representa solo un final, después del cual no tienen idea de lo que pueda pasar, han oído y siguen oyendo muchas cosas tanto en comentarios populares como en dogmas religiosos, pero nada tiene una posibilidad de comprobación, entonces se dicen: ¡es posible que después no haya nada! Y si acaso no hay nada se sienten autorizados a actuar pragmáticamente tratando de hacer aquello que mas plazca a su cuerpo, obtener todo lo que deseen a costa de lo que sea, perjudicando o matando a quien se interponga en sus propósitos, sin importarles la ley ni los derechos de sus semejantes.

Vamos a exponer aquí en la forma más breve posible, sin retórica alguna y en lenguaje sencillo accesible a cualquiera, cual debe ser el comportamiento correcto para el mejor cuidado del cuerpo y del alma.

El autor

Conociendo al ser humano

Capitulo **1**

Los seres y sus características

Para este propósito seres son todos los hombres de cualquier género o raza.

Básicamente, cada ser está integrado por una parte material, su cuerpo físico, y una porción espiritual, la energía que anima al cuerpo. Durante la vida corporal del ser, ambas partes dependen cada una de la otra. El cuerpo necesita al espíritu para subsistir y el espíritu necesita el cuerpo para poder desarrollar su labor de evolución.

Al nacer una persona, el espíritu que viene a unirse al nuevo ser transmite a la persona una emanación de energía que es lo que usualmente llamamos alma. En cierta forma alma y espíritu son una y la misma cosa porque aquella es una emanación de esta, pero sus características son diferentes, el alma puede ser directamente afectada por las tendencias del cuerpo y el comportamiento de la persona, sin embargo el alma no conoce la trayectoria del espíritu.

El alma tiene las características del espíritu en lo que se refiere a su grado de evolución, por otro lado aun siendo una emanación del espíritu, el alma no conoce la trayectoria anterior de este, la función del alma es contribuir a la evolución del espíritu, lo cual es mas factible cuando el espíritu tiene un alto grado de evolución, de no ser así, el alma es fácilmente atraída por lo material y en ese caso su contribución a la evolución del espíritu será insignificante. Después de la muerte el cuerpo de la persona se desintegra y el espíritu absorbe el contenido del alma que puede ser bueno o malo.

En esa simbiosis cuerpo y alma, el cuerpo utiliza alguno o algunos de sus cinco sentidos captando percepciones de lo que le rodea, a través del sistema nervioso envía cada percepción al cerebro el cual emite la respuesta que considera adecuada y además transmite a la mente consciente la sensación producida por esa percepción para ser clasificada y archivada en la memoria como una imagen.

La mente es el elemento del cuerpo que esta en contacto con el alma a través de la mente subconsciente. Durante su unión con el cuerpo, usando la terminología comúnmente empleada, llamaremos, como ya hemos dicho, alma al espíritu, cuya diferencia ya fue también comentada. A la intervención del subconsciente o mente subconsciente en lo Corporal le llamaremos actividad subconsciente.

Como ya se ha dicho, mientras el alma forma parte del cuerpo no dispone de todas las características del espíritu, que bajo ese estado tiene una capacidad de manifestación limitada. Sin embargo interviene constantemente en la vida diaria del hombre especialmente en actividades automáticas producto de hábitos desarrollados.

En consecuencia, en lo que se refiere al cuerpo, son de interés a este respecto: los sentidos, el sistema nervioso, el cerebro y la mente consciente.

Los sentidos son elementos no confiables porque pueden suministrar al cerebro percepciones engañosas. Una percepción equivocada puede ser subsanada a veces por la mente haciendo uso de la lógica o de conclusiones deductivas basadas en experiencias anteriores.

El sistema nervioso en esta función es un elemento transmisor y el cerebro una especie de procesador de percepciones; distinguiendo percepciones rutinarias y aquellas no usuales que puedan tener cierta trascendencia o representen un peligro para el cuerpo y ameriten una respuesta inmediata a través del órgano instintivo/motor. Después de que una percepción, segura o no, es procesada, es enviada a la mente consciente que desarrolla al menos cinco actividades:

La primera *recibiendo* del cerebro las sensaciones producto de las percepciones de los sentidos.

La segunda *procesando* las sensaciones recibidas para sacar conclusiones, las compara con otras anteriores y las convierte en imágenes, en cuyo proceso puede tener lugar una parte imaginativa, mediante la cual la mente elabora imágenes producto de deducciones lógicas inspiradas en sensaciones pasadas, así pues las imágenes suelen ser originadas por una sensación recibida pero también pueden ser producto de una elucubración mental.

La tercera *clasificando* las imágenes creadas de acuerdo a su impacto y trascendencia para archivarlas después en la memoria transitoria.

La cuarta *compartiendo* con la parte espiritual del ser, es decir con la mente subconsciente, las nuevas imágenes y tendencias que va elaborando la mente consciente. Esta participación se produce por iniciativa de la mente subconsciente, pendiente de la actividad consciente aunque no pueda controlarla.

Si una imagen es aceptada por el subconsciente es archivada en la memoria principal. Aunque una tendencia pueda ser rechazada, su reiteración puede convertirla en un hábito y puede modificar para bien o para mal las características del alma.

La quinta es la *rememoración* de las imágenes archivadas en la memoria, las cuales pueden estar todavía en la memoria transitoria o haber pasado ya a la memoria principal; como han sido clasificadas selectivamente unas se mantienen más latentes que otras. Todos los recuerdos están siempre accesibles para el subconsciente y aun cuando la rememoración de un recuerdo específico pueda resultar difícil para la mente consciente en un cierto momento, usualmente se recuerda mas tarde a menos que exista algún trauma psíquico relacionado con ese recuerdo.

Toda esta actividad supone un consumo de energía corporal la cual necesita ser constantemente restaurada, lo que se logra mediante el sueño.

Las funciones que realiza la mente las llevan a cabo automáticamente todos los seres en un proceso continuo a lo largo de la vida. Sin embargo, aunque todos los seres realizan las mismas funciones, todos los seres son diferentes entre si y también lo es su comportamiento. Esta diferencia entre los seres es una de tantas pruebas de la existencia de su parte espiritual ya que depende del grado de evolución de esta.

La Ley Natural gobierna la vida en todo el Universo, es decir, una serie de principios fundamentales que gobiernan la vida de todos los seres y que son idénticos para todos ellos.

Todo ser humano desde que nace hasta que muere debe considerarse un aprendiz y estar dispuesto en todo momento de su vida a mejorarse y corregir cualquier error de su pasado así como las falsas concepciones que pueda tener sobre su entorno, sus semejantes o sobre si mismo.

Nada debe ser impuesto a nadie porque cada uno está consciente en su interior de lo bueno y de lo malo y debe ser libre de decidir su forma de actuación.

Cada ser conoce su cuerpo y el de sus semejantes, pero no el alma porque no puede ser percibida por los sentidos en este plano de existencia.

Se ha especulado mucho sobre la ubicación del alma en el cuerpo, realmente no está en ninguna parte específica, está en nosotros pero no está encerrada en nuestro cerebro, como se ha pretendido, ni en ninguna otra parte. El cuerpo es un elemento material, mientras que el alma o espíritu es una porción de energía no perceptible para los sentidos que no está sometida a los principios de la física conocida, capaz de penetrar la materia o moverse más rápida que la luz, pero al mismo tiempo sometida al cuerpo durante la vida de éste, salvo circunstancias especiales.

Para entender mejor la relación cuerpo alma, podemos imaginar el cuerpo como un frasco de cristal en cuyo interior está encerrada una fuente de luz intangible que lo ilumina y que asimilaremos al alma, esta luz esta encerrada en el frasco, sometida a él y continuará iluminando mientras el frasco subsista. La luz está en todo el interior del frasco e incluso su resplandor puede desbordar sus límites, del mismo modo que el alma desborda en un aura los contornos del cuerpo, ahora bien, si el frasco accidentalmente se rompe, la luz se libera y se pierde en el espacio uniéndose a la luz de la que proceda en el Universo.

Si el cuerpo muere, el alma regresa a su espíritu y se eleva hasta la dimensión que le corresponda de acuerdo con su grado de evolución.

El alma está integrada al cuerpo mientras este vive y nunca puede separarse de él completamente. El alma está en cada parte de nuestro cuerpo como un fluido etéreo, que no es afectado por las deficiencias del cuerpo pero que si puede ser afectado por los hábitos de este, lo sigue como una compañera insepa- rable, y en ciertos momentos en que se sepa- ra de él queda unida al mismo por un tenue fluido no perceptible para el ser humano. Si se produce la muerte física del cuerpo esta unión se interrumpe para siempre.

La mente consciente en su función racional, no está claramente consciente de la presencia del alma y de su significado, considerando al subconsciente como un yo interior, en conse- cuencia trata de actuar por si misma de ma- nera autónoma e independiente porque a pesar de la permanente presencia del alma, percibe mas fácilmente las sensaciones proce- dentes de las percepciones de los sentidos que su presencia.

El espíritu dispone de los conocimientos acumulados durante toda su etapa de evo- lución, pero al integrarse al cuerpo esa infor- mación deja de estar accesible al alma.

Después del nacimiento, la mente debe iniciar el aprendizaje en su nueva vida, aunque en la intervención de trasfondo del alma y en las tendencias que le trasmite a la mente consciente se traslucen los conocimientos y experiencia acumulada del espíritu.

Al morir el cuerpo el resultado de esa vida, sus experiencias y conocimientos adquiridos se van con el espíritu agregados a los que ya tenia matizando su evolución.

El alma es un instrumento de evolución del espíritu al tiempo que es el propio espíritu. Cuando el alma se integra al cuerpo se produce la autoprogramación del ser humano. Entre otras, esta es una causa más de las diferencias entre los seres.

Las circunstancias que se producen a lo largo de la vida corporal, pueden hacer que el alma trate de ir matizando algunas de las concepciones que impartiera a la mente al nacer, pero la mente consciente puede ser reacia a aceptar un cambio si ha creado una filosofia personal de vida producto de la información recibida de los sentidos y de sus propias experiencias a lo largo de la vida. Dependiendo del grado de evolución y del tipo de experiencias que tuvo en su vida, esa nueva filosofia personal puede ser buena o mala y si se convierte en un hábito y afectará al espíritu mejorándolo o desmejorándolo.

La causa de la dificultad para probar científicamente la existencia del alma se debe a que no es posible entender ni experimentar en este plano de existencia cuestiones relativas a ese otro plano de existencia al que pertenece el alma o espíritu.

Entre la infinidad de invenciones del ser humano, la que mejor se asimila a sus propias características, es la computadora, esta supera incluso al ser humano en la rememoración, es decir, es capaz de buscar en su memoria, en fracciones de segundo, cualquier dato por grande que sea su archivo y la antigüedad con que se haya introducido el dato. Cualquier cantidad de estas máquinas que tengan las mismas características, serán todas idénticas entre si; los seres, en cambio, son todos diferentes.

Al programar una computadora o un robot sofisticado, una vez introducidos los datos la máquina comienza a operar de acuerdo con ellos, actúa con la lógica que le haya sido impartida, pero de manera independiente ignorando a su programador, salvo que expresamente este se haya incluido en la información, del mismo modo lo que deposita el espíritu en el cuerpo, son únicamente conocimientos, no la historia de su trayectoria anterior, al igual que cuando alguien se muda a una nueva casa y pone en ella sus pertenencias, si la casa fuera susceptible de tal apreciación, sabría todo lo que han puesto en ella, pero no sabría de donde ha venido su ocupante ni en cuantas casas ha estado antes.

Capitulo 2

La inteligencia

Puede definirse como la facilidad que tenga un ser humano para llevar a cabo ciertas actividades, hacer deducciones lógicas o llegar a conclusiones acertadas antes que la mayoría o una gran parte de sus semejantes.

Estos son los efectos de la inteligencia, pero ¿cuales son sus causas? Para no perderse en la infinidad de teorías que siempre abundan tratando de resolver cualquier misterio, voy a exponer, aunque no deje de ser una opinión más, lo que la lógica y la razón sugieren.

Conocidos los efectos no es difícil deducir las causas, cuando alguien tiene la habilidad de hacer algo mejor y más rápido que otros y es capaz de dominar su implementación con facilidad, obviamente esta actividad le es familiar y debe tener un conocimiento o experiencia previa sobre dicha materia, de no ser así, debe existir un entrenamiento que ha capacitado al individuo para hacer deducciones lógicas de actuación.

Sin embargo la trayectoria de cualquier individuo puede ser fácilmente rastreada y
cuando es notorio que no ha existido tal
experiencia o entrenamiento es cuando surge
la incógnita. ¿Cómo puede hacerlo? Si en ese
momento tenemos en cuenta la dualidad del
ser humano y tal habilidad no procede de su
área consciente, tendremos que llegar a la
conclusión de que debe proceder de la experiencia del espíritu cuya trayectoria nos es
desconocida.

Si escogemos aleatoriamente cien personas,
es difícil encontrar dos con idénticas habilidades; lo normal es encontrar una gradación
de personalidades, gustos y capacidad mental, quizá alguna similar a otras, pero nunca
idéntica.

Para poder medir el grado de inteligencia de
las personas, se adoptó un patrón basado en
el análisis de grupos de sujetos de edades específicas para por comparación poder establecer lo que se llamó "coeficiente intelectual".

El coeficiente intelectual de una persona la
caracteriza desde que nace y se hace más
notorio según el individuo va creciendo. El
individuo puede incrementar su habilidad si
canaliza y cultiva su facultad innata.

La inteligencia de una persona se incrementará, aunque no necesariamente, proporcionalmente al ejercicio que haga de la misma y a los estudios e investigaciones que realice, ya que cuanto mas amplio sea su conocimiento mayor será su capacidad de análisis y en consecuencia a un mismo promedio de aprendizaje el adelanto será cada vez mayor.

La razón de la diferente inteligencia de unas personas a otras parece un misterio, pero es al mismo tiempo otra prueba de la existencia e intervención del yo interior de cada una.

Posiblemente un científico atenido exclusivamente a deducciones materiales diría que la razón de la disparidad entre el grado de inteligencia de los hombres es su herencia genética. Así, de ascendientes retrasados descendientes retrasados y de ascendientes inteligentes descendientes también inteligentes. Esta conclusión puede parecer lógica a primera vista, pero es completamente inexacta.

Lo que determina el grado de inteligencia de un individuo no es su parte somática o material sino su porción intelectual, el yo interior de su alma o espíritu.

La herencia genética, si bien interviene en la forma que comentaré, no es el factor determinante en las características intelectuales de un individuo las cuales proceden de su alma o espíritu. El nivel de inteligencia de la gente es proporcional al grado de evolución de su espíritu.

Esto es absolutamente verificable en cientos de miles de casos en que de unos ascendientes de reducida capacidad intelectual nace un individuo superdotado, y viceversa de unos ascendientes brillantes nace un individuo retrasado. No es la herencia el factor determinante sino el grado de evolución del espíritu que ha venido a animar el cuerpo.

Sin embargo, el factor hereditario puede intervenir también matizando ciertos aspectos, ya que si, por ejemplo, unos padres o ascendientes han degradado su cuerpo en tal manera que su deterioro es trasmitido genéticamente a un descendiente, el alma de este descendiente se encontrará alojada en un cuerpo físicamente limitado en el que la capacidad de manifestación y desenvolvimiento le será difícil.

Hay, no obstante, infinidad de individuos con grandes limitaciones físicas y enfermedades degenerativas muy conocidas, quienes sin embargo mostraron una capacidad intelectual asombrosa en algún sentido. Es como una semilla puesta en un pobre substrato con una piedra sobre ella, la cual no obstante encontrará el modo de brotar y crecer.

Un espíritu evolucionado que pasa a formar parte de un cuerpo físicamente disminuido tratará de aflorar de alguna forma, Afortunadamente en el tiempo en que vivimos hay instituciones dedicadas a prestar ayuda a estos seres.

Capitulo 3

La memoria y el hábito

La mente enriquece su inventario de vivencias por medio de las diversas sensaciones producto de las percepciones externas de los sentidos que de manera permanente llegan hasta ella a través del sistema nervioso y el cerebro.

Las percepciones externas, después de convertidas en imágenes son archivadas, lo cual hace relevante la diferencia entre percepción e imagen, pues mientras aquella es la captación de algo perceptible por los sentidos que existe en el presente, la imagen no necesita esa presencia del objeto percibido, ya que es la reproducción del mismo que archivada en uno de los sectores de la memoria es susceptible de ser rememorada en cualquier momento de la vida.

Es así que la percepción es la consciencia sensorial de algo presente, mientras que imagen es la representación de una percepción o bien una elucubración mental.

Puede decirse que no hay persona que a lo largo de su vida no haya tenido dificultad ocasionalmente para recordar algo, en cambio curiosamente nos habrá llamado la atención el notar como en un cierto momento, en estado de vigilia o en sueños, vienen a nuestro recuerdo con todos sus detalles, sucesos ya perdidos en el tiempo.

Cada cosa que nos ocurre queda archivada en nuestra memoria en todos sus detalles, pero cada ser humano hace en su mente una selección del producto de sus percepciones antes de almacenarlas, y de acuerdo con sus circunstancias personales determina el grado de interés que encuentra en la imagen guardada de una percepción.

En la determinación del interés del sujeto por una percepción específica, participa también nuestro subconsciente, y por esa razón nos parece peculiar que cosas que no consideramos relevantes estén permanentemente latentes en nuestro recuerdo mientras que otras que creemos más importantes parecen haberse borrado.

Nada se borra, cada instante de nuestra vida está guardado en un sector de nuestra memoria, ello ha podido ser probado sin ningún género de duda en sesiones en las que bajo hipnosis sujetos diversos fueron capaces de recordar vividamente, momentos de su más temprana niñez, e incluso mas atrás, con toda clase de detalles.

La memoria es un elemento imprescindible en la vida de relación del ser humano, la memoria nos permite recordar cada paso de cualquier aprendizaje que iniciemos y tener acceso a él. Gracias a la memoria, el hombre puede discurrir por la vida con menos riesgo al recordar los peligros, estar consciente de ellos y mantenerse a salvo. También le hace partícipe de la vida en comunidad al ser capaz de recordar y en consecuencia tratar a sus semejantes. Le faculta para recibir instrucciones y ejecutarlas de inmediato o posteriormente al ser capaz de recordarlas.

Puede decirse, en definitiva, que la memoria es una facultad imprescindible sin la cual el ser humano estaría comenzando a aprender de nuevo en cada instante de su vida, pues lo único que existiría para él serían aquellas actividades que a fuerza de repetición se hubieran convertido en costumbres o hábitos controlados por el subconsciente, como el conducir cualquier tipo de vehículo, manejar una máquina o hasta el propio caminar, que se hacen automáticamente sin intervención de la memoria. Si bien, faltando la memoria la repetición de un mismo acto para convertirse en hábito sería difícil de lograr.

Aunque no es del caso profundizar en esta materia, vale la pena aclarar que los hábitos representan también un aspecto complejo de la actividad humana, es así que cada persona podrá realizar una misma actividad convertida en hábito de manera diferente y con muy distinto grado de perfección, ello dependerá de varios factores pero tal vez el factor determinante derive de las características específicas de la persona con su mayor o menor grado de aptitud para el tipo de actividad de que se trate.

Un hábito adquirido no tiene un carácter definitivo, sino que puede ser mejorado permanentemente por quien realice la actividad en que consista. Esta es una clara muestra de la capacidad innovadora del ser humano, producto del análisis que hace de lo que le rodea tratando de mejorarlo, en especial si es algo que de algún modo le concierne. Esta capacidad del hombre de analizar su propia actividad y la de su entorno ha sido el motor del progreso y de la evolución de la raza humana.

La importancia de los hábitos, es la de ser un factor relevante en cualquier aprendizaje, por otro lado y ello es de mayor importancia, pueden modificar las características de nuestro yo interior.

Las alteraciones de las características del subconsciente producidas por nuevos hábitos adquiridos pueden ser favorables o desfavorables, en este caso el desarraigar un hábito será más difícil que su introducción.

Capitulo 4

Consciente y Subconsciente

Los hombres son libres en la elección y realización de sus actos y en consecuencia su comportamiento es un tanto impredecible, pero además de actuar a veces de forma inesperada, su actuación está con frecuencia falta de lógica y hasta puede ser contradictoria. Para entender esta conducta hay que tener en cuenta la participación de cuerpo y espíritu en el ser humano.

El hombre, integrado por un cuerpo material y una porción de energía espiritual que comúnmente llamamos alma, lleva a cabo sus actuaciones en la vida diaria por medio de su actividad consciente, que tiene lugar a través de un proceso continuo de reacción o respuesta a las percepciones recibidas de los sentidos, en el que participan también el sistema nervioso, el cerebro, la mente consciente y el subconsciente, porque siendo el alma la fuente de energía que anima al hombre, interviene también a través del subconsciente tratando de hacer que la persona actúe de acuerdo con su patrón de comportamiento para ese momento, el cual a

veces se contrapone a las tendencias o decisiones del consciente cuya motivación procede, en gran parte, de las percepciones senso-
riales recibidas.

La terminología en torno a la actuación del
ser humano, sus niveles de conciencia y
personalidades, es muy variada y no es necesario tenerla en cuenta para este propósito.
Para simplificar y facilitar el entendimiento, a
la actividad o actuación procedente de la
mente consciente la llamaré simplemente
consciente, y llamaré subconsciente a la otra
procedente del espíritu. A este efecto, los demás niveles no tienen relevancia.

El subconsciente es, por decirlo de alguna
manera, el medio a través del cual el espíritu
se manifiesta en el ser humano, pero para
hablar del subconsciente es necesario tener
claro primero el significado de la mente
consciente.

La actividad consciente tiene que ver mayor-
mente con todo lo percibido a través de los
sentidos, lo cual incluye las imágenes de las
vivencias experimentadas a lo largo de la vida
y las elucubraciones mentales del sujeto cuyo
origen puede estar en percepciones pasadas o
ser el producto de su deformación y trans-
formación fantástica.

Las características innatas del individuo sumadas a todas las vivencias del consciente deberían marcar el comportamiento o forma de actuación de cada persona, esto abarca también su concepto del deber ser y los convencionalismos derivados de su vida en comunidad, sin embargo no es necesariamente así, ya que su comportamiento se ve turbado y hasta extorsionado por la intervención permanente del subconsciente, salvo que la repetida actuación del consciente haya logrado crear hábitos en el subconsciente que se adapten a sus opciones de comportamiento.

La clase de influencia que el subconsciente ejercerá sobre el consciente y viceversa, dependerá del grado de evolución del espíritu de la persona. En una persona con un grado elevado de evolución, el consciente aceptará más fácilmente las pautas impartidas por el subconsciente. Si el grado de evolución del espíritu es bajo y hay una notable tendencia hacia el entorno material, el subconsciente de esa persona puede, entonces, adquirir y consolidar hábitos contrarios a sus características llegando a modificarlas produciendo un retroceso en la evolución del individuo como ente universal, aunque también puede darse el efecto contrario.

Para que el hombre en su actuación consciente logre mantener o elevar las carácterísticas de su espíritu, necesitará ser firme en sus convicciones y tener además suficiente dominio sobre su voluntad para poder erradicar las tendencias indeseables que pretendan implantarse en su mente si logra darse cuenta de que no están acordes con los principios fundamentales.

Así llegamos a dos conclusiones: 1) La tendencia y facilidad para cumplir con las normas universales que representan los Principios Generales del Derecho, o Derecho Natural es proporcional al grado de evolución del individuo. 2) En el desarrollo de la actividad consciente siempre está presente la influencia del subconsciente, independientemente de la capacidad que tenga de ejercer su dominio sobre el consciente. Esto es de vital importancia, porque es una de las causas de las diferencias entre los seres y lo que nos permitirá entender su comportamiento.

El hombre planifica y hasta improvisa su actuación consciente en su mente y cada uno lo hace a su propio modo. Los pensamientos tienen un carácter totalmente individual, cada persona tiene los suyos los cuales son diferentes a los de las demás.

Cada persona muestra unas tendencias muy definidas casi desde su nacimiento, sus características como ser cambian a cada instante y nunca son iguales a un instante anterior, maquinaciones mentales o vivencias que le matizan se agregan permanentemente en él, no hay dos situaciones en la vida de una persona en las que se pueda decir que ella es igual.

En el aprendizaje, que empieza con el nacimiento de la persona, los sentidos comienzan captando elementos materiales; así, un niño sabe que él es él, sabe que lo que está a su alrededor sea animado o inanimado es cierto y que existe en forma independiente de él aunque todavía no pueda manifestarse. Día tras día investiga lo que le rodea y asimilando todas esas vivencias aprende y evoluciona como ser humano, la memorización y el análisis de esas experiencias le ayuda a protegerse de posibles daños aunque a veces también se los ocasione tratando de descubrir y descifrar el mundo que tiene a su alcance.

Además de esta asociación que establece el ser con su entorno animado e inanimado, su mente consciente, establece del mismo modo una asociación con el tiempo y deduce y da por hecho que existe un pasado, un presente y un futuro.

Lo que le pasó, pensó o hizo ya no está, es el pasado y la persona está muy consciente de ello, incluso un niño a quien le quiten un juguete sabe que lo tenía pero que ya no lo tiene, y confronta automáticamente casi sin percibirlo, el pasado con el presente; las vivencias por las que está pasando en un cierto momento son el presente; y aquello que desea hacer un poco mas tarde, al otro día o cuando sea, es el futuro. Aunque no lo llame de ese modo si entenderá su significado.

Hasta ese momento todavía no le es factible al ser humano entender el significado de la mente consciente, cual es su posición respecto al cuerpo y como están conectados o se complementan.

Es conocido como se desarrolla el proceso de aprendizaje y pronto la ciencia será capaz de reproducirlo en seres cibernéticos que tras una programación inicial serán capaces de establecer deducciones lógicas, evaluar conceptos y aumentar su conocimiento como un ser humano.

Los robots serán una reproducción mejorada y más estable de la parte corporal del ser humano, pero carecerán de su espíritu y de su libre albedrío, porque la fuente de su actuación será producto de datos específicos hechos por los hombres y su concepto de la ética será el que se les haya suministrado en su programación.

Los robots serán capaces de incrementar casi ilimitadamente sus conocimientos y si su programación es adecuada, sin inserciones malignas, no transgredirán las normas o principios que se le hayan impartido. Podemos decir que cualquier acto de un robot contrario a la equidad y a la justicia será el resultado de la manipulación de un ser humano.

El hombre en su permanente aprendizaje a través de los sentidos:

1° Acumula las imágenes de sus vivencias en la memoria, al tiempo que aprende de ellas para la continuidad de su vida.

2° Utiliza para su actividad consciente los mecanismos del cerebro cuyos sectores gobiernan uno o mas los procesos de su vida diaria, lo que hace en conexión con la mente.

3° Experimenta en su mente consciente la influencia más o menos exigente del subconsciente.

La mayoría de la gente tiene un conocimiento muy vago sobre lo que es el subconsciente, cual es su intervención en nuestra actividad consciente y lo que representa en nuestra vida diaria. Una buena parte de la población del mundo considera el término como algo que tiene que ver con psicólogos o psiquiatras y para muchos de ellos no es más que algo un tanto abstracto que no les concierne ni les dice mucho, sin saber que no hay acto que realicemos en donde no intervenga de alguna forma el subconsciente.

Partiendo de los comentarios ya hechos sobre el ser humano y usando una lógica elemental, es fácil llegar a la conclusión de que el subconsciente es algo real que participa en todos los momentos de nuestra vida, podemos incluso decir que el subconsciente es el medio de comunicación de nuestro propio yo como seres universales con nuestra mente consciente de seres vivientes.

Del mismo modo que a través de la actuación consciente el hombre adquiere tendencias producto de la acumulación de todas sus experiencias en esta vida, las tendencias del subconsciente son el resultado de todas las vivencias del espíritu a lo largo de su trayectoria como ente universal, especialmente producto de los hábitos adquiridos del consciente durante sus etapas de vida corporal matizados por el grado de evolución del ser en cada momento.

Un hombre con dominio sobre si mismo a través del uso de su voluntad, establece y ejecuta sus actos conscientes sabiendo lo que decide y lo que hace; no tiene control, en cambio, sobre las decisiones de su subconsciente, aunque su consciente puede tratar de obstaculizarlas si van contra las pautas de actuación usualmente adoptadas. Esta contraposición de intereses puede llegar a generar una verdadera lucha interna que, de acuerdo con las características del individuo, puede, incluso, llevarlo a un desquiciamiento mental a veces irreversible.

Ante este desconocimiento y falta de dominio sobre su subconsciente, el hombre deberá actuar de acuerdo con lo que represente para él en cada momento, la contraposición entre Bien y Mal. La continua actuación en uno u otro sentido podrá lograr la creación de hábitos de comportamiento en el subconsciente.

Quien esté convencido de que el Bien es la mejor opción, deberá orientar todos sus actos hacia Él, no importa que en su interior un espíritu poco elevado le induzca a lo contrario, no deben importarle los riesgos que pueda representar la lucha con el subconsciente.

Si se está convencido de que el Bien es la mejor opción, su meta será el Bien y deberá llegar a él, del mismo modo en que un alpinista mira la cumbre del monte y supera todos los obstáculos para llegar a ella. La diferencia estará en que la retribución por ese esfuerzo será infinitamente superior al orgullo personal de haber vencido o de disfrutar de una vista maravillosa. El logro será el haber podido transcender, encontrarse a si mismo y sentir que nuevamente se forma parte del todo al que se pertenece, se sentirá el placer del regreso al hogar, no se verá, por unos momentos, una vista desde una montaña sino el Universo desde y por toda la eternidad.

Capitulo **5**

Los órganos del cuerpo

Ya hemos comentado como está constituido el ser humano, hemos hablado del cuerpo y del espíritu, de cómo el espíritu o alma es la esencia del hombre, su verdadero ser, su verdadero yo, diferente del cuerpo, aunque transitoriamente integrado en él.

El ser humano actúa y se manifiesta en este mundo a través de su cuerpo, este, a su vez, usa los órganos de que está dotado para todo lo que se refiere a su vida de relación. Saber como se desarrolla esa actividad facilita el entendimiento de cómo funciona la labor de introspección que se comentará mas adelante.

Los órganos que utiliza el cuerpo están vinculados a varios sectores del cerebro y pueden para el propósito que nos ocupa ser clasificados como: *Órganos de relación y de funcionamiento. Los de relación son los sentidos: vista, oído, olfato gusto y tacto; los de funcionamiento pueden dividirse en: intelectual, emocional e instintivo-motor.*

Los *órganos de relación*, tienen como función actuar en una permanente percepción del ambiente que rodea al ser humano poniéndole en contacto con él.

Los *órganos de funcionamiento* actúan para dar respuesta a las percepciones traídas al cerebro por los órganos de relación, es decir, los sentidos, siendo el papel del cerebro el de un procesador de datos que analiza las percepciones recibidas y si ello lo amerita da respuesta a las mismas de manera instantánea impartiendo las instrucciones oportunas a estos que hemos llamado órganos de funcionamiento y que se ocupan de la actividad general del cuerpo, es decir, tienen atribuidas determinadas competencias de acuerdo a la actuación que sea necesaria según la percepción que se haya recibido.

De los dos órganos de funcionamiento, el primero que vamos a comentar es el *intelectual* que tiene a su cargo lo relativo a la actividad mental, filosófico-literaria, científica, de investigación y creación, tanto en el ámbito científico como artístico, aunque algunas de estas funciones estén atribuidas a diferentes sectores del cerebro.

Esta actividad intelectual del órgano implica el desarrollo racional de un proceso mental lógico, ya sea inductivo o deductivo, para analizar las percepciones captadas por los sentidos.

El segundo órgano de funcionamiento que podemos llamar *emocional*, está encargado de procesar toda la actividad sentimental del ser humano, lógicamente incluye también todo lo relativo a la parte afectiva de las relaciones entre personas. Lo característico de este órgano y de las sensaciones vinculadas al mismo, al contrario que en el intelectual, es la falta de racionalidad en la mayor parte de sus conclusiones.

El órgano emocional tiene un carácter interno, aunque el efecto de sus impresiones puede, a pesar de que la persona trate de mantener la interioridad, notarse en expresiones externas corporales, incluso puede dar lugar a situaciones traumáticas capaces de producir alteraciones fisiológicas que pueden llegar a afectar el propio funcionamiento del órgano intelectual.

Un tercer órgano, que se manifiesta no solo en el ser humano sino también en la mayoría de los seres vivos tiene un doble carácter definido por su propio nombre: es el *instintivo-motor*. En su aspecto instintivo procesa la actividad de defensa del organismo. Al serle transmitida por el cerebro la sensación de una determinada percepción que pueda suponer algún efecto en el cuerpo decide al instante si debe actuar y como, de ser así interviene la parte motora dando lugar a los movimientos corporales que se consideren oportunos en razón del estímulo de peligro recibido.

El funcionamiento de este órgano *instintivo-motor* es fácilmente observable en nuestra actividad de relación externa, pero también se produce en la fisiología interna del individuo en la que hay dispositivos destinados a actuar de inmediato ante cualquier ataque procedente del exterior que pueda alterar el funcionamiento corporal o crear un foco de infección interior. Cuando el ataque recibido supera la capacidad de los órganos de defensa interiores por su volumen o características o porque estén estos destinando parte de su energía a estabilizar cualquier desequilibrio producido por el órgano emocional, puede producirse la enfermedad corporal.

Como fue dicho, si una persona limita su conocimiento a la información que recibe a través de los sentidos, no podrá ser acertado su concepto de todo lo que la rodea, por el contrario estará lleno de errores porque no es fiable la información de ninguno de los sentidos.

Estos que hemos llamado órganos de relación, los sentidos, son necesarios para que el cuerpo pueda estar consciente de lo que sucede a su alrededor y pueda sobrevivir, pero el cuerpo no está capacitado adecuadamente a través de ninguno de ellos para analizar correctamente la información recibida, la cual puede interpretar erróneamente o habérsele transmitido con el propósito expreso de inducirle a error.

Desde su nacimiento, durante un período de tiempo que varía en cada individuo, todo ser humano pasa por una etapa durante la cual van desarrollándose sus órganos de funcionamiento, ya que los de relación funcionan desde el principio.

A lo largo de esté lapso todos los órganos de funcionamiento son activados empezando inmediatamente por el órgano motor y el instintivo asociado con él. Después de este doble órgano, el desarrollo de los otros dependerá del medio y del grado de educación recibida por la persona.

Evolución y motivaciones de los seres

Capitulo **6**

Las fuentes del saber

Ya se ha dicho que la trayectoria del ser humano es un constante aprendizaje desde que nace hasta que muere. Los conocimientos que va adquiriendo pueden ser un factor positivo si los selecciona adecuadamente y los utiliza para su propio mejoramiento o para ayudar a sus semejantes, en caso contrario, si los utiliza para malos propósitos, esos conocimientos pueden ser un factor negativo para su verdadero ser.

Las fuentes del conocimiento en este mundo pueden ser de carácter externo e interno, ambas valiosas si se saben utilizar adecuadamente para entenderlas y obtener fruto de ellas.

En ambos casos, la forma de estudio mas favorable, si ello es factible y la persona tiene una especial motivación para aprender, es en un centro de estudio bajo la dirección de un buen maestro, lo cual no solo acelerará el aprendizaje sino que además evitará que el estudiante pueda perderse en el estudio y no llegar a resultado alguno, o peor todavía que llegue en su mente a conclusiones erróneas que después serán difíciles de erradicar.

La fuente externa de conocimiento se encuentra en el estudio de una o más disciplinas, para lo cual se dispone de instituciones de diversos niveles dedicadas a los diferentes sectores del saber y de una inmensa bibliografía junto con la permanente aparición de nuevas publicaciones que por su abundancia hay que saber seleccionar pues de otro modo sería imposible leerlas.

La fuente de conocimiento interna es la meditación y la propia observación interior, que serán más efectivas si encuentran un buen substrato procedente de los conocimientos de origen externo.

Son muchas más las facultades que el ser humano tiene bloqueadas o atrofiadas que las que usa, cuando logra desarrollar alguna, puede ser un factor de evolución y mejoramiento mayor de lo que se pueda imaginar. La constancia en la meditación hecha de forma adecuada puede desarrollar una percepción extrasensorial sorprendente con efectos fuera del alcance de la mayoría de las personas.

Las facultades no usuales que el hombre logre poseer procedentes de su interior, dependerán de otro nivel de existencia y no de la voluntad del sujeto que las haya logrado aunque esta también es necesaria para lograrlas; ello significa, que aunque representen una certeza para él, no podrá producirlas a voluntad, y si desea mostrarlas tal vez lo logrará o no, en consecuencia deberá estar consciente de que posiblemente encontrará incredulidad y rechazo.

Cuando alguien tenga la oportunidad de verificar con certeza en otra persona algo por encima de lo normal, será libre de evaluar su contenido y sacar conclusiones.

Nadie tiene por que creer algo fuera de lo normal porque se lo diga un semejante suyo. Todo en el Universo tiene una razón de ser y es susceptible de una explicación, no obstante las explicaciones factibles son las relativas a cuestiones de un mismo ámbito o de un ámbito de nivel mas bajo, por lo que un análisis que tenga que ver con la parte inmaterial o espiritual del ser humano, sobrepasa la capacidad de intelecto de la mayoría de los hombres, incluso de aquellos más capacitados porque corresponde a un ámbito de nivel superior, así, la mayoría de los observadores serán reacios a aceptar cualquier fenómeno inexplicable.

La razón del diferente grado de conocimiento de las personas es debido a las diferencias entre ellas, lo cual incluye la diferente capacidad de aprender. Las diferencias entre las personas son motivadas por factores de diversa índole.

La parte material de cada individuo contiene en sus genes características de sus ascendientes con modificaciones evolutivas variables y a veces con fallas producidas en el proceso de gestación del cuerpo físico o accidentes posteriores que pueden afectar aspectos intelectuales. Tampoco esta parte material es uniforme, es decir, de los mismos ascendientes pueden nacer sujetos con notables diferencias entre ellos, incluso en sus rasgos físicos.

Entre los factores que muestran las diferencias entre las personas se puede empezar mencionando aquellos que por proceder y formar parte de su ser incorpóreo, marcan en el sujeto inclinaciones específicas o una facilidad fuera de lo común que le hace dominar una o varias artes. Estos factores afectan a la formación de los primeros rasgos intelectuales del individuo y son ajenos a los hereditarios materiales.

Si bien la mayoría de las aptitudes procedentes de la experiencia acumulada del espíritu son generalmente bloqueadas en el momento del nacimiento del individuo, al ir creciendo se van manifestando ciertas tendencias, inclinaciones o facilidad para desarrollar alguna o algunas habilidades.

Algunas personas desde edad muy temprana están en capacidad de realizar con facilidad actos que usualmente en cualquier otra persona exigirían un largo aprendizaje. Podemos encontrar bastantes ejemplos en todos los sectores de actividad del hombre, aunque los más notorios por su difusión son aquellos que tienen que ver con actividades artísticas, aunque también se dan y se han dado en grandes inventores, músicos, pintores, escultores, literatos, ingenieros y científicos.

Estos factores forman parte del yo interior del individuo, son inherentes a su espíritu y están con él desde su nacimiento, pueden ser más o menos marcados e influyen en la definición de su personalidad. Hay que tener presente que estas habilidades especiales aunque proceden de la parte inmaterial del individuo, pueden verse afectadas en uno u otro sentido en la medida en que la persona las fomente, las ignore o las perturbe con malos hábitos.

En las características de una persona influyen también los factores hereditarios procedentes de su ascendencia, de los que podemos mencionar tres clases:

1. Los que afectan a los rasgos de apariencia externa del individuo; que producen parecidos más o menos notables con sus ascendientes y respecto a los cuales la genética tiene pautas establecidas.

2. Los que afectan a conformaciones fisiológicas hereditarias. Estos son los que hacen que ciertas personas tengan, soporten o sean propensas a tendencias fisiológicas o dolencias experimentadas por sus ascendientes, sin que ello deba ser determinante.

3. Los que afectan al comportamiento del individuo. Estos son tal vez los menos marcados y más moldeables por parte del sujeto.

Además de estos tres factores, están los de entorno, que proceden de la vida de relación del sujeto en el medio en el que se desenvuelva, tanto en el entorno familiar como fuera de él. Estos factores afectarán y modificarán en mayor o menor grado, las tendencias originales del sujeto según sean estas, es decir, de acuerdo a su grado de evolución. Hay individuos muy sugestionables y permeables a las influencias externas, mientras que otros por su grado de evolución, no lo son.

Es común que cuando se trata de individuos nacidos en un medio muy desfavorable y con un entorno de muy malos ejemplos incluso en el ambiente familiar, la gente considere que no tuvo oportunidades, que nada podía hacer ese individuo para substraerse a la influencia de un medio de tales características; pero se sabe también de muchos casos de personas que con el mismo origen lograron encumbrarse sobre grandes colectividades, del mismo modo que se sabe de individuos que habiendo nacido en entornos muy favorables y de padres y hermanos ejemplares, cometieron todo tipo de atrocidades y se entregaron a toda clase de vicios, lo que confirma por una parte la influencia de la evolución que haya logrado la parte espiritual del hombre, y por la otra que, aunque no deje de influir, el factor de entorno no es necesariamente determinante.

Finalmente, los últimos factores que se pueden citar son los de aprendizaje. Estos a su vez pueden ser de dos clases: los que proceden del exterior del individuo y los que proceden de su interior. Los primeros son los que capacitan al individuo en un oficio, profesión o arte determinado, ya sea en las letras, las artes o la ciencia.

Cuando una persona aprende un oficio favorecida por factores evolutivos procedentes de su espíritu, su dominio del arte y la facilidad de aprendizaje se exacerban, hasta el punto de que en algunos casos un aprendizaje muy superficial parece suficiente para convertirla en un maestro en ese arte o bien en un verdadero genio dentro de este mundo.

El aprendizaje procedente del interior del propio individuo hay que considerarlo aparte de los factores de entorno o aprendizaje, y aunque es el mas arduo, es el mas valioso porque si tiene éxito dejar aflorar e intervenir al verdadero ser. El individuo que logra trascender podrá verse como en realidad es, no como ser humano sino como un ente universal. Quien tenga la fuerza de voluntad suficiente para lograrlo tendrá contacto con lo que le rodea no solo a través de sus sentidos sino también de su parte espiritual.

Los factores, de entorno y aprendizaje influyen de una forma tanto activa como pasiva sobre la persona, es decir, afectan y matizan a los otros factores y también son afectados por ellos.

Capitulo **7**

Filosofía del comportamiento

Conscientes ya de la estructura de las personas, de su mente capaz de hacer razonamientos lógicos, de su origen y de las influencias que las afectan y caracterizan, hay que estudiarlas en su vida de relación, porque la tendencia natural del ser humano es convivir con otros seres, es por ello que es muy importante analizar cual debe ser el comportamiento de cada uno de los miembros de una comunidad y como dicho comportamiento afecta a los demás miembros y al conjunto de la comunidad en si misma.

Cualquier ser que viva formando parte de una colectividad de seres semejantes, está sujeto al cumplimiento de las normas de dicha comunidad, cuyo fundamento es la necesidad de mantener la armonía social, ello le hace acreedor a una serie de derechos y le somete a su vez a una serie de obligaciones. Se entiende una comunidad regulada por normas justas. Los derechos de cada individuo equivalen a los deberes de los demás y viceversa.

Cuales son, en general, los derechos y deberes de cada individuo, se puede deducir si
imaginamos un espacio determinado en el
que los seres están separados entre si por
una especie de cuadrícula imaginaria. Pues
bien, cada ser tiene derecho, dentro del marco de la normativa que regule su comunidad,
a actuar en plena libertad dentro de su espacio, pero sin tocar o sobrepasar los bordes de
la cuadrícula que lo separa de los demás,
porque esos bordes representan el límite de
sus derechos y estaría afectando los derechos
de uno o mas de sus semejantes, quienes a
su vez tienen también la obligación de respetar los suyos de la misma forma.

Facilitará aun mas la comprensión imaginar
un lugar destinado al aparcamiento de auto-
móviles cuyos espacios están marcados únicamente en el suelo con unos trazos de color,
si llegamos a uno de esos espacios rodeado de
vehículos e introducimos el nuestro, es obvio
que deberemos ser cuidadosos tanto en no
sobrepasar las marcas que separan nuestro
espacio de los siguientes, como al abrir la
puerta del vehículo, para no golpear con ella
al vehículo contiguo.

Esto hace referencia, por supuesto, a cualquier otra circunstancia de nuestra actuación
que pueda afectar de alguna forma los derechos de los demás, teniendo en cuenta el

hecho de que aunque haya algo que a nosotros nos resulte mas cómodo o placentero ello no quiere decir que sea del agrado de nuestros semejantes y no debemos imponerselo.

Los deberes que impone la ley tienen su fundamento en la desigual evolución de los seres, y si volvemos al ejemplo del aparcamiento, cualquier persona sensata, medianamente evolucionada y que razone con normalidad, entenderá que el respetar los derechos de los demás es la actitud correcta, sin embargo sabemos, continuando con el ejemplo, que hay personas que dejarán su vehículo atravesado de cualquier forma sin importarle a quien puedan perjudicar, simplemente porque no tienen interés por sus semejantes. Si se le pregunta a una de esas personas por que actúa de esa manera, su respuesta será la de los sin razón: "porque quiero", o avergonzada inventará una excusa para lo inexcusable.

Tal tipo de actuación mentalmente deformada, solo puede ser corregida mediante la aplicación de una sanción legal adecuada, pero sabemos que ante el terrible abanico de delitos que se confrontan en nuestro tiempo, no se presta atención a los de esa naturaleza ni existe sanción legal para ellos, sin embargo, no olvidemos que tan ladrón es quien se apropia de un céntimo como quien se apropia de cien millones y que quien comete conscientemente una pequeña falta, posiblemente será capaz de cometer cualquier otro delito, porque no se trata de cuantías o gravedad de faltas, sino del hecho de contravenir la Ley o un derecho que afecte a cualquier semejante.

Todos los seres humanos tienen el derecho de no ser perturbados en la tranquilidad de la forma de vida que deseen adoptar, pero como este derecho lo tienen todas las personas, tienen a la vez el deber de no perturbar en forma alguna a sus semejantes. No importa, que lo que alguien pueda estar haciendo le parezca bien a él, porque no sabe si eso le parecerá bien a algunos de sus semejantes, por eso, deben cumplirse las normas de la colectividad, y en todo caso, aunque no exista una norma para una situación especifica, no se puede invadir la esfera privada de otros seres. Esto está en la mente de cualquier persona cuya facultad de razonar no este alterada.

La incapacidad de muchos hombres para asimilar adecuadamente este concepto y, en general, los defectos inherentes a los humanos han sido la causa de gran parte de los conflictos que han confrontado las personas desde el tiempo de las comunidades más antiguas y primitivas.

Capitulo 8

El poder de la voluntad

El hombre está en el mundo en el seno de una naturaleza amigable e inhóspita al mismo tiempo, que por una parte le proporciona alimento y por otra puede representar toda una serie de peligros, está además, a merced de sus pasiones y de las de sus semejantes.

Hay personas conscientes de su deber en este mundo que tratan de actuar correctamente en cada momento de su vida, sin embargo ven como las desgracias las persiguen como si tuvieran un imán para ellas, las de voluntad y capacidad de decisión mas débil agobiadas por lo que llaman una racha sin fin de mala suerte, se abandonan a lo que creen su destino dejándose llevar por esa cadena de circunstancias que las hunden cada vez más, algunas tratan de evadirse de sus pensamientos aturdiendo su estado consciente con sustancias nocivas sin lograr otra cosa que deteriorar su cuerpo y espíritu.

Todos los seres humanos están dotados de un arma poderosa para luchar contra todo lo que pueda dañarlos y para vencer los obstáculos que la vida, de una manera u otra, va poniendo ante ellos, ese instrumento del que están dotados todos y cada uno de los seres de este mundo es la voluntad.

Se dice que la fe mueve montañas, pero el verdadero alcance de esta expresión es que la fe ciega es la voluntad total y absoluta de creer y confiar en algo que deseamos que se produzca y en la forma que anhelamos. Desea fuertemente algo, dedica de manera permanente tu mejor esfuerzo a lograrlo, y no tengas duda de que lo tendrás. Se que algunos no lo creerán, pero es verdad.

El dominio de la voluntad rodeará tu ser de un escudo invisible para los hombres que te hará confiar en ti mismo para afrontar cualquier situación y superar momentos adversos que representen un peligro para tu cuerpo o para tu espíritu.

Sin embargo hay que entender que el dominio que tengamos sobre la voluntad podrá ser dirigido tanto hacia el Bien como hacia el Mal, usado en este último sentido hundirá más al espíritu haciéndolo retroceder peligrosamente en su evolución.

Infinidad de personas de cualquier condición, ante una contrariedad que las disguste en alto grado, recurren al alcohol para alejarla de su mente, o se entregan a la ira y rompen los objetos que las rodean, se autodestruyen con drogas o dañan físicamente a alguien.

Otras personas aceptan consumir esas sustancias nocivas para no desagradar a quien las acompaña. Cuando esos seres persisten en tales excesos y los convierten en hábito, llega un momento en que no se atreven a analizar la condición en que se encuentran ni quieren saber de si mismos, y si lo hacen, manifiestan su incapacidad de luchar, se abandonan a un destino al que creen estar sometidos, que en realidad no existe, sino que ellos mismos lo han originado.

Cuando una de estas personas se siente consciente de la degradación a la que la ha llevado su falta de dominio de la voluntad puede tender a abandonarse y con frecuencia no hará nada para intentar rehabilitarse porque se sentirá incapaz de lograrlo. Mientras unas se sienten sin fuerzas, otras sienten temor a algo o a alguien, y otras se engañan a si mismas y justifican sus actuaciones diciendo que eso no les hace daño.

Da dolor oír como algunas personas dicen que no pueden dejar de hacer algo que las está perjudicando, u oír esa absurda expresión que se oye con tanta frecuencia "es que no tengo voluntad". La voluntad no está en el bolsillo, es una cualidad que tienen todas las personas, pero mientras que unas deciden usarla para favorecer el buen estado de su cuerpo o espíritu y progresar en su evolución personal, otras la ignoran y se entregan a una lasitud, a un no hacer, que las hundirá cada vez más, o se abandonan a vicios que perjudicarán su cuerpo y enturbiarán su alma, o bien toman el camino aparentemente fácil del Mal, cometiendo delitos o realizando actos reprobables que atentan contra ellas mismas mas que contra cualquier otro y que además después las aprisionarán como una tenaza, a veces por el resto de sus vidas, como una mancha que cuando creen haber podido limpiarla, surge de nuevo rebelde e imborrable a recordarles sus malas acciones.

Sin embargo, cuando una persona se da cuenta de su situación y se arrepiente sinceramente dentro de si misma de su mala conducta y además utiliza su voluntad sin vacilación para enmendarla, si lucha con empeño contra todos los obstáculos que sin duda encontrará y se confía sinceramente sin ocultar nada a quien la esté ayudando, logrará que las manchas de sus malas acciones desaparezcan, con la ventaja de que después de esa lucha su fortaleza para mantenerse en el camino correcto será mayor.

Si se desea tener dominio sobre la voluntad hay que empezar por saber controlarla. Cuando una persona se ha entregado repetidamente a un vicio cualquiera, este hábito se implanta en nuestro espíritu a través del subconsciente y será a través de nuestro esfuerzo consciente, haciendo uso del control sobre la voluntad, que deberemos comenzar a tratar de desarraigar ese vicio.

Tener dominio sobre la voluntad es mantenerse firme en el rechazo de cualquier inclinación que tengamos, que pueda ser nociva para nuestro ser. Es contradecir nuestra inclinación natural, generalmente de carácter material, y mantener la capacidad, la disciplina de hacer aquello que estemos seguros de que no perjudicará a nuestro cuerpo ni a nuestro espíritu, es rechazar el deseo que pueda asaltarnos de hacer algo que nos perjudique, por el simple hecho de que una persona relacionada nos lo ofrezca, aunque nos guste o nos cause placer en ese momento.

Tener dominio sobre la propia voluntad significa tener personalidad, que es una forma de expresión de esa voluntad. Esta faceta de la personalidad, es la que le permite a una persona hacer algo en un sentido o en otro sin importarle la opinión o hasta incluso las burlas de sus semejantes. Quien así sea y se esfuerce en cualquier sentido, triunfará en lo que se proponga.

Seguramente muchos al leer esto se preguntaran ¿Qué es la voluntad? La voluntad es la manifestación ejecutiva de nuestra mente susceptible de ser dirigida en un sentido determinado. Cuando esta manifestación de nuestra actividad consciente es respaldada por nuestro yo interior, por nuestro subconsciente, sus tendencias y propósitos serán muy fuertes.

Capítulo 9

Sensaciones y sentimientos

Las percepciones que reciben los seres a través de los sentidos se convierten en sensaciones las cuales a su vez producen sentimientos asociados con ellas. Si una persona observa que alguien está intentando hacerle daño, posiblemente se producirá en ella un sentimiento de temor que a su vez superado ese momento podrá convertirse en un sentimiento de odio, de deseo de venganza, de perdón u otro.

Como ya se dijo, los sentimientos suelen se originados por las sensaciones procedentes de las percepciones de los sentidos. Hay así, sensaciones táctiles, visuales, auditivas, gustativas y olfativas. Lo normal es que las sensaciones agradables produzcan sentimientos acordes con ellas y viceversa.

También hay sentimientos que son el producto de imágenes mentales de carácter intuitivo o imaginativo, en cuyo caso el sujeto construye toda una realidad virtual en torno a la que gira el sentimiento.

Cuando es una imagen mental la que origina el sentimiento, aquella estará asociada, por lo regular, a una sensación anterior, la cual puede ser próxima o lejana. El efecto que produzca el sentimiento podrá también tener lugar en ese instante o actualizarse en un futuro más o menos próximo.

Los sentimientos pueden ser positivos o negativos para quien los experimenta. Los sentimientos de las personas pueden afectarlas tanto en su mente como en su cuerpo y podrán afectar también a otros seres.

Los sentimientos tienen un carácter personal, es decir, una misma sensación producirá un sentimiento diferente según quien la reciba, lo cual hará que de unas personas a otras los matices sean muy distintos. Los sentimientos pueden estar vinculados a seres animados o sensitivos, aquí nos referiremos únicamente a relaciones entre personas y solo de una manera superficial, pues sobre cada sentimiento podría escribirse un volumen completo o más.

Los sentimientos positivos son aquellos que, tanto mental como físicamente, afectan a la persona de una manera favorable, este tipo de sentimientos suele involucrar únicamente a quien los experimenta, aunque puedan tener por causa o por objeto otra persona que

eventualmente puede también resultar afectada por ellos.

Entre los sentimientos positivos voy a mencionar: **el amor, la alegría, la admiración, la
compasión, el perdón, y la vergüenza**.

Por sus diversos matices, **el amor** es uno de
los sentimientos más complejos. El amor
puede estar vinculado a sentimientos completamente opuestos que pueden ser causa tanto
de la máxima felicidad como de infelicidad.

Debido al erróneo concepto que tienen algunas personas del amor, pueden experimentar
bajo ese sentimiento tanto desprendimiento,
alegría y/o admiración, como tristeza, celos,
congoja, odio y rencor.

Lo que algunas personas consideran amor,
puede llegar a convertirse en un sentimiento
absorbente que desea al objeto de su amor
para si, que quiere conocer todos sus pasos y
todo lo que le concierna hasta en sus míni-
mos pormenores, limitando así los propios
sentimientos del objeto de su amor; ese no es
verdadero amor, es una distorsión del amor.

El verdadero amor es testigo en la historia de
los más grandes sacrificios así como de las
escenas más heroicas y conmovedoras, pero
el otro, el amor distorsionado, lo es también

de los actos más cobardes y vergonzosos o hasta incluso criminales.

Realmente, el amor es un sentimiento generoso y con matices únicamente positivos, el amor es uno de los pilares del universo ya que el amor es fuente de armonía.

Uno de los errores que comenten los seres al hablar del amor es creer que es algo que vincula a dos personas, cuando verdaderamente el amor aunque pueda ser inspirado por otro ser, es un sentimiento individual. Una persona puede sentir un gran amor por alguien, pero eso no quiere decir que ese alguien sienta nada por esa persona, puede ocurrir incluso que no tenga ni noción de ese amor que inspira.

Quien ama de verdad debe ser feliz por haber tenido el privilegio de sentir la dulce sensación de amar, y no debe sentirse mal, ni ofenderse si la persona objeto de su amor no le corresponde.

Cada persona es de si misma, nadie es de nadie, y no podemos pretender apropiarnos de otra persona para someterla a nuestros sentimientos. Puede ocurrir, sin embargo, que una persona sienta amor por otra y esta lo sienta también por ella. Cuando se da esta afinidad entre dos personas, y es producto solamente de una mutua atracción interior de ambas, sin que medien previamente otras consideraciones como la admiración, el interés, o un acercamiento derivado del prestigio, el poder, la opulencia u otras circunstancias, estaremos ante una verdadera bendición de tal carácter que nada importarán las cualidades físicas, porque ese amor procederá del yo interior de cada individuo y estará por encima de cualquier cualidad material.

Lo que acabamos de exponer es lo que da lugar a uniones tan dispares a los ojos de los demás, quienes son incapaces de apreciar a simple vista la afinidad interior o la consumación de un destino que logra realizarse marcado desde el plano de la inmortalidad.

La alegría, tiene su origen en una sensación agradable que nos produce bienestar o felicidad, esa sensación puede ser momentánea o duradera, generalmente este sentimiento se prolonga mientras dura la sensación que lo produce, aunque a veces el recuerdo de la misma es suficiente para actualizar este sentimiento. La alegría es un sentimiento necesario para el ser humano porque beneficia tanto al cuerpo como al espíritu, Una forma de manifestación de la alegría es la risa, la cual produce una favorable distensión en todo el organismo, se manifiesta también en la expresión de las personas. Es un sentimiento que sin importar su origen penetra en el interior del hombre y fluye de adentro hacia afuera produciendo una sonrisa o una risa franca y espontánea.

La alegría es, al mismo tiempo, un sentimiento frágil que puede ser empañado por cualquier circunstancia que afecte a su origen, por algún acontecimiento que interrumpa la sensación agradable que la había inspirado, o por sentimientos negativos como los celos o la sospecha. Usualmente la alegría suele proceder de una sensación externa, cuya rememoración posterior, incluso distante en el tiempo, puede actualizar de nuevo el sentimiento.

La admiración, es un sentimiento noble que experimenta una persona hacia un semejante, originado por sus cualidades o por algo inherente o relacionado con él.

Contrariamente a la envidia, la admiración hace a quien la siente experimentar agrado por las cualidades, virtudes o capacidad de otra persona, y aunque posiblemente le gustaría tener también esas cualidades de la persona, este sentimiento no incluye ningún mal deseo hacia ella, sino todo lo contrario.

Al mismo tiempo, sentir admiración por alguien, muestra una actitud positiva de parte de quien la siente, pues aunque pueda tener deseos de ser como la persona admirada o imitarla, lo hace sanamente, sin que en su sentimiento haya la más mínima intención de pretender desmejorarla ni apropiarse de su prestigio.

La compasión, es un sentimiento de solidaridad por el cual, una persona participa del dolor o tristeza que siente otra persona por algún acontecimiento o circunstancia que la está haciendo sufrir, al compadecer a la otra, padece con ella que es el significado de compadecer, y trata de hacer todo lo que esté a su alcance para mitigar el dolor que pueda estar sintiendo su semejante, para que deje de sufrir.

Por la misma razón que no se debe querer para otro lo que no se desea para uno mismo, cuando una persona está sufriendo por alguna circunstancia, se la compadece en virtud de ese amor que cualquier persona de sanos sentimientos siente por sus semejantes y porque no desea sentir ese sufrimiento que ella está sintiendo, ni tampoco desea que lo esté padeciendo ella, por eso es que participa del dolor que ella siente. Como se puede notar, es un sentimiento muy altruista que ensalza al que lo siente.

El perdón, es un sentimiento enaltecedor opuesto al rencor, en virtud del cual, cuando alguien se siente ofendido de alguna forma, trata de comprender las circunstancias o motivaciones del ofensor y entendiéndolas, si las hay, renuncia a buscar una retaliación sin guardar ningún tipo de resentimiento u odio contra él.

El perdón es una especie de concesión amigable de parte del ofendido u ofendidos a favor del ofensor u ofensores, puede tener un carácter personal o de grupo. Alguien perdona a quien le hizo daño, o una familia o un grupo de personas, perdonan a quien o quienes con intención de perjudicarles, les causaron un daño o intentaron causárselo.

El perdón del ofendido no obsta para que cuando se vea interesado el orden público, la Ley castigue al ofensor trasgresor, como debe ser para conservar el equilibrio social y evitar la proliferación del delito. Si no es así y la ofensa viola las leyes universales, de todas formas será castigado después, ningún delito queda impugne.

La vergüenza, es un sentimiento que también enaltece a quien lo experimenta, porque aun en el caso de que proceda de una mala acción de la persona, el hecho de que se avergüence de ello, suele ser símbolo de un arrepentimiento interno sincero.

Quien siente vergüenza por un acto cometido por él o por alguien relacionado con él, muestra que conserva buenos sentimientos, que está arrepentido de lo ocurrido y que lo siente. Y si fue algo hecho por él lo ha sido en un momento o circunstancia inusual en su comportamiento.

La vergüenza puede también no derivar de un acto ilícito, sino de circunstancias personales o familiares que hagan que el que la sienta crea no estar posibilitado para cumplir con los usos o costumbres sociales del medio en el que se desenvuelva. La actitud de sus semejantes debería ser acorde con este noble sentimiento.

Sentimientos negativos

Los sentimientos negativos suponen una actitud mental hostil de una persona hacia uno o más de sus semejantes, capaz, según su índole, de afectarlos desfavorablemente.

Esta actitud negativa de una persona con respecto a alguno o algunos de sus semejantes, no solo será perjudicial para ellos sino también para ella misma, a veces incluso más que para ellos. Estas tendencias negativas, como ya hemos dicho, son inherentes al género humano, existen desde que el hombre existe y han dado lugar a todo tipo de conflictos tanto personales como colectivos.

A los sentimientos que afectan básicamente a quien los experimenta, los llamaremos sentimientos negativos personales. A los que afectan tanto al sujeto que los experimenta como a alguno o algunos de sus semejantes los llamaremos sentimientos negativos externos, y comentaremos también otro tipo de sentimientos que bajo la misma denominación pueden revestir un carácter positivo o negativo de acuerdo con las circunstancias y el matiz que revistan, a los cuales les llamaremos mixtos.

Sentimientos negativos personales

Entre los que llamamos sentimientos negativos personales, mencionaremos: **la soberbia, el tedio, el pesimismo, la tristeza, la congoja, la desesperación, la pereza, el temor y la angustia**.

La soberbia, es un sentimiento muy común en el género humano, y podría describirse como una sensación personal de superioridad que experimenta un ser con respecto a los demás seres de su entorno, con señales manifiestas de suficiencia y menosprecio hacia las cualidades de otras personas.

La soberbia puede proceder, ya sea de una exacerbación del ego por considerar las propias cualidades superiores a las de los demás o por sentirse superior debido a la posición social o económica con respecto a la de los que le rodean.

Es este un sentimiento dañino que se debe tratar de evitar, porque una actitud soberbia hacia los demás no solo afecta desfavorablemente a la persona soberbia en si misma como todo sentimiento negativo, sino que además puede ser también motivo de rechazo social hacia ella. Por otra parte la soberbia es un sentimiento injustificado impropio de cualquiera que razone de una manera ecuánime con respecto a sus semejantes.

Cuando una persona muestre trazas de soberbia considerándose, por alguna razón, mejor o más importante que algunos de sus semejantes, debe proceder a analizar las circunstancias de esa razón de ser, así como las características de las personas sobre las cuales se siente superior y si lo hace objetivamente posiblemente eso la llevara a reconsiderar su actitud.

El tedio, es fastidio, hastío, aburrimiento por todo o bien en un momento o situación determinados. Puede originarse cuando una persona se siente obligada a compartir o participar en algo que no es de su preferencia por lo que no siente interés alguno.

Sentir tedio con frecuencia, por casi todo y en diversas situaciones, puede ser una muestra de pusilanimidad, gustos reducidos y falta de interés por lo que le rodea. Una persona curiosa, investigativa, con interés por lo que no conoce, por lo regular, no sentirá tedio.

Por otra parte el complacer a nuestros semejantes y sentir que contribuimos a hacerles felices es algo muy positivo para las personas, el sentir tedio es también indicio de una personalidad egoísta o poco complaciente que solo tiene interés por su propio disfrute. De cualquier modo el tedio es algo que hay que alejar.

El pesimismo, es una actitud mental de derrota que induce a quien se deja llevar por ella a imaginar que cualquier actuación suya fracasará o será inútil. En general el pesimista ve todo bajo el aspecto más desfavorable y su propia actitud mental contribuirá a que sus actuaciones suelan no tener éxito, porque en lugar de dedicar un buen esfuerzo al logro de sus intentos, los considera ya fracasados antes de llevarlos a cabo.

Por otra parte el pesimismo produce tristeza en el ser humano con los efectos contrarios de la alegría, deprime nuestro organismo y puede llegar a dar lugar a retardar la curación de los males de nuestro cuerpo, por eso debe evitarse esta actitud, hay que pensar que todos somos hombres y lo que puede lograr uno, puede lograrlo también otro cualquiera si pone verdadero empeño.

Ya sea en el éxito o en el fracaso, en la abundancia o en la escasez, hay que evitar ser pesimista sobre el porvenir. El miedo y la falta de confianza en el futuro son un gran factor de fracaso, debilitan emocionalmente a la persona; la hacen asequible a malas influencias, la inducen a adoptar actitudes inconvenientes y a realizar actos indebidos perjudiciales para ella o a abandonarse en ese callejón sin salida que le muestra su pesimismo a vicios degradantes que tal vez le son presentados por alguien como un alivio para su actitud mental pero que en definitiva van a traer el desastre a su vida y a su espíritu.

El pesimismo supone una falta de confianza en las propias facultades, disminuye a la persona haciendo que renuncie a emprender cualquier clase de acción al pensar que los intentos que haga en cualquier sentido serán vanos. Ya hemos visto en capítulos anteriores como la firme voluntad y el deseo persistente son capaces de hacer realidad todo lo que se desee.

Aquellas personas que sienten que no han sido especialmente favorecidas por la vida estarán poco inclinadas a creer lo que acabamos de decir, pero realmente es así, quien desee fuertemente algo y ponga verdadero empeño en lograrlo en lugar de envidiar a sus semejantes y considerar que tiene menos oportunidades que ellos, lo obtendrá.

La tristeza, es un sentimiento que como todos los negativos se debe evitar; produce infelicidad en las personas, y afecta tanto al cuerpo como al espíritu. Al contrario de la alegría que vivifica, la tristeza al igual que el pesimismo, oprime y marchita. La tristeza es una actitud pasiva de la persona que se encierra mentalmente en si misma, aunque al contrario del rencor o del odio no produce un sentimiento hostil, ni trata de atentar contra otros.

Un remedio para la tristeza es alternar con otras personas, tener confianza en uno mismo y hacerse consciente de todas las cosas agradables que hay en la naturaleza en la que nos movemos, de tantas personas buenas y amables que nos rodean, de las cuales hay tal vez muchas que nos quieren y tienen interés por nosotros y hasta otras que sin conocernos estarían dispuestas a ayudarnos si supieran que necesitamos ayuda.

Hay ocasiones en que una persona se sume en la tristeza porque se considera menos afortunada, atractiva, o capaz que los demás. Estas personas necesitan el consejo adecuado de alguien que les muestre lo infundado de su forma de pensar y les haga entender que pueden participar en todas las situaciones de la vida como cualquier otra persona.

La congoja, es un sentimiento que puede estar asociado a la tristeza, al dolor y al temor. Mientras que la tristeza se mantiene como un sentimiento depresivo, la congoja se manifiesta externamente de una manera ostensible, pudiendo mostrar llanto o convulsiones, y puede suponer un sentimiento asociado de temor por algo que pueda ocurrir o por la información o consecuencias de algo que ya ha ocurrido. Incluso cuando la causa de la congoja es, por ejemplo, la desaparición de un ser muy querido, pueden combinarse ambas sensaciones de dolor y temor, al porvenir por ejemplo. La compañía de otras personas y el trato social, pueden contribuir a mitigar la congoja.

La desesperación es un sentimiento peligroso para el que la padece, porque puede llevar al individuo a realizar actos de consecuencias trágicas, ya sea en su persona, pudiendo llegar hasta el suicidio, o a terceros a quienes crea causantes de su sentimiento. Se produce en la mayoría de los casos como desenlace de un sentimiento previo, como el temor a alguna circunstancia no deseada que se ha venido temiendo y la que finalmente se acaba considerando inminente y sin solución aparente.

La desesperación supone una sensación de acorralamiento mental ante la cual el sujeto no encuentra salida, exacerbándose el temor que tal situación le venía produciendo.

La desesperación afecta en mayor medida a individuos introvertidos que sufren en solitario, pues la comunicación con otra u otras personas y el intercambiar con ellas sobre la circunstancia temida, puede permitir aclarar la mente tal vez bloqueada por el temor, así como compartir ideas y sugerencias que eventualmente pueden ser valiosas.

La pereza es una tendencia natural de muchos de los seres de este mundo, incluso exaltada en proverbios populares como el famoso italiano "il dolce far niente", el dulce no hacer nada o la dulce pereza. La pereza representa la inacción, el abandono mental y material, una especie de ya lo haré sin un propósito concreto y verdadero de hacerlo en un momento determinado.

Es absolutamente inconveniente dejarse llevar por la pereza. La inacción que supone la pereza aunque pueda parecer una tendencia natural de nuestra parte material, es antagónica con la verdadera naturaleza del ser humano, dotado de movilidad física y de una actividad mental exuberante.

El mundo en que vivimos supone una contribución de todas las personas al desarrollo y mantenimiento de la comunidad de la que formen parte, fruto de esa contribución son los servicios que reciben cuando dejan de estar hábiles para ello por la edad o por algún accidente. Si la pereza hubiera sido la norma en el mundo desde el principio, no hubiera habido progresos de ninguna especie.

El temor debe evitarse. No hay que temer ni a lo que se entiende ni a lo que se desconoce. No hay que temer a los hombres ni al día de mañana. Solo se puede tener temor de uno mismo y de las propias acciones. Nuestros semejantes lo más que podrán hacer será causar dolor a nuestro cuerpo, cuya posibilidad se puede reducir actuando con prudencia y evitando participar en situaciones comprometedoras. En cuanto al espíritu, si se evita el mal en cualquiera de sus formas siempre estará a salvo.

La angustia es una respuesta de la mente, a veces con manifestaciones físicas externas, a una sensación de ansiedad producida por algo que nos ocurre, que tememos nos pueda ocurrir o por algo que deseamos que nos suceda y pensamos que no lograremos que se realice. Esta sensación de ansiedad, puede estar ocurriéndonos en el presente, tener su origen en el pasado o imaginárnosla para el futuro.

El origen de la angustia puede ser algo real o imaginario, puede producirse aisladamente en un momento determinado, manifestarse de una manera continua o aflorar intermitentemente.

La angustia afecta profundamente a nuestro organismo, en un grado todavía mucho mayor que la tristeza, al igual que su origen, sus manifestaciones son tan variadas que sería largo enumerarlas. Por otro lado, una circunstancia capaz de producir angustia en una persona puede no afectar en absoluto a otras, y además la angustia originada en varias personas por un mismo motivo tendrá respuestas diferentes en cada una de ellas.

Hay que agregar todavía que la angustia puede ser algo manifiesto o no, es decir, que la persona puede dejar traslucir a sus semejantes la sensación de ansiedad que está experimentando o tratar de ocultarla, incluso es factible que se mantenga en el subconsciente y que el propio sujeto la ignore, aunque no por ello deje de sufrir los efectos de la misma. De cualquier modo la angustia suele ser percibida a través del comportamiento de la persona, incluso cuando en su actividad consciente ella misma ignora la situación.

Superar la sensación de ansiedad y demás efectos que produce la angustia, es posible para ciertas personas, pero puede resultar muy difícil para otras si no reciben ayuda externa calificada.

Cuando la angustia es producida por el temor de que se produzcan, o no, acontecimientos futuros, sus efectos en la persona dependerán del grado imaginativo de esta, ya que la persona puede llegar a crear toda una serie de imágenes mentales que la hacen padecer por anticipado acontecimientos que tan solo están en su imaginación y que es posible que nunca ocurran o de ocurrir tal vez no revistan la gravedad que la persona les anticipa.

La angustia puede no limitarse a producir una respuesta aislada, sino que puede incluso originar formas de comportamiento preventivo permanente, ya sea mental o físico. El grado de exacerbación que produzcan en la angustia estas respuestas de defensa ya sean combativas o de evasión dependerá de las características de la persona.

Por último, podemos señalar que el grado de ansiedad que produzca la angustia tendrá que ver también con la naturaleza del motivo o estímulo que la produzca. Cuando se trate de motivos conocidos, por cuanto estos pueden ser fácilmente evaluados por el sujeto y recibir una respuesta que le parezca adecuada, producirán una angustia menor que motivos desconocidos que escapen a la percepción sensorial.

La angustia, sin duda alguna, puede ser superada, ya sea por la propia persona afectada o con ayuda de otra capacitada para ello.

Sentimientos Negativos Externos

Entre los sentimientos negativos externos pueden incluirse: **el rencor, el odio, la ira, el deseo de venganza, los celos, el egoísmo, la avaricia, y la envidia.**

Mientras que la felicidad expande cada célula de nuestro cuerpo, cuando alguien recibe un daño, especialmente si sabe o cree que se lo ha hecho intencionalmente una determinada persona, se puede producir **rencor** en el ánimo hacia esa persona, este es un sentimiento desagradable de injusticia que se manifiesta en una desazón interior que físicamente puede llegar a dar lugar a una sensación de opresión en el pecho. No se debe sentir rencor por nada ni hacia nadie, ya que ello no significará ninguna solución al problema y causará un daño adicional.

Tal vez nos ayude saber que si alguien hace un daño a otro se está haciendo también un daño a si mismo, y que no hay acción mala que no tenga castigo, y que el castigo mas leve por duro que sea, es el que se reciba de los hombres.

Cuando alguien sufre una situación de abuso continuado que no puede demostrar y a veces ni evitar por proceder de alguien a quien por su poder político, social o económico cree que no puede vencer, sentirá una gran sensación de frustración, pero en ese caso tampoco tiene sentido dejarse abatir por el rencor que adicionalmente le hará daño tanto física como emocionalmente.

El remedio de esa situación no es algo que pueda definirse de una manera general ya que dependerá y será diferente en cada caso en particular. Si se piensa con calma y alejando el rencor ocasionado por el problema, con seguridad se encontrará una solución. Un rencor continuado puede degenerar en odio.

El odio es un sentimiento diferente del rencor, puede tener una causa o ser injustificado, es decir, sin motivo. El odio supone aversión, antipatía, desagrado hacia alguien. Mientras que el rencor suele ser la respuesta a la actuación de alguien, el odio puede tener más que ver con grados de afinidad entre personas, puede comenzar por una simple sensación de desagrado hacia alguien aunque también puede originarse por una acción, posiblemente incluso no maliciosa, de un tercero pero que en todo caso no es bien recibida precisamente por el instinto de rechazo que se siente hacia esa persona.

El odio, justificado o no, es la magnificación de la impresión poco grata que nos produce el ver a alguien o algo, esta impresión de desagrado se intensifica con la repetición del contacto y deriva en odio; si además se recibe o se cree recibir algo desagradable de parte de la persona odiada, el odio se exacerbará.

El odio produce una contracción dañina que hay que evitar. Ninguna persona de espíritu elevado debería odiar, el odio al igual que la ira hacen mas daño al que odia que a la persona que es odiada.

La ira, ahora que ya hemos hablado del rencor, podemos decir que la ira puede ser la exaltación o explosión de ese rencor. Hay personas que se dejan llevar por la ira, a veces por motivos completamente triviales para otra persona; sienten repentinamente en ellas un deseo casi irreprimible, pero totalmente consciente, de atentar contra alguien de palabra o de obra, aunque por lo exagerado, la mayor parte de las veces suele ser una reacción desproporcionada.

Quien es propenso a entregarse a la ira, puede cometer injusticias con sus semejantes, porque actúa antes de razonar sobre la situación en que se encuentra. Es frecuente oír en los medios la información de que con motivo de una discusión sin importancia entre amigos, o simplemente por celos infundados, alguien mata a otra persona. La mayoría de estas muertes las llevan a cabo personas que se han dejado llevar por el rencor o por un ataque de ira.

La ira puede provocar situaciones de peligro para la integridad física de las personas, al dar lugar, ante algo que contraríe al iracundo, generalmente sin suficiente justificación, a respuestas desmedidas. Quien se deja llevar por la ira pueden llegar a actuar fuera de todo control. Esta cualidad negativa es especialmente peligrosa para los terceros cuando se da en alguien dotado de algún tipo de poder sobre una parte de sus semejantes.

La persona dominada por la ira está consciente de ello y por lo regular después de una explosión de ira en la que actúa de manera injusta hacia algún semejante, suele experimentar arrepentimiento, pero ante lo irremediable de su abuso es común que encuentre internamente motivos para justificar su imperdonable actuación. En los casos mas leves ante el remordimiento que le produce el dolor causado a su semejante se excusa ante él, en los supuestos mas graves puede llegar a justificarse a si misma incluso tras causar graves daños físicos a un tercero.

Una explosión de ira, aunque obviamente puede ocasionar daños a terceros, sin duda causa más daño al que la experimenta que a los demás, estos, si no pueden hacer nada ante el agresor, sentirán frustración o incluso pueden llegar a sufrir algún daño físico, mientras que el que se deja llevar por la ira, aparte del deterioro que le ocasiona a su propio espíritu, no hay duda de que pagará ampliamente cuando y en donde sea, por los daños físicos y/o morales causados.

El deseo de venganza pudiéramos decir que representa la preparación de la fase ejecutiva del rencor o el odio. Cuando alguien cree ser víctima de algo, puede surgir en esa persona un incontenible deseo de venganza que si surge en ti debes apagarlo como se apaga una vela. Es posible que esa persona de quien te quieres vengar no haya sido quien te ocasionó un daño, y si te consta sin duda alguna que lo fue, no estás en sus pensamientos para saber cual fue el motivo y si hubo intención de hacerte daño o si fue instigado por una tercera persona que deseaba causártelo. Y aun estando seguro de ambas circunstancias tu no eres un juez para condenar a nadie. Y si por acaso eres un juez de profesión, tu cargo no te autoriza, como es natural, a juzgar tus propios actos, ya que la pasión cegará a la justicia, pero esta vez no para hacerla imparcial sino al contrario.

Indudablemente quien hace daño debe pagar por ello recibiendo un castigo proporcional, no solo al daño hecho, sino a la intención y al daño sufrido por el afectado, que es el daño en si mismo mas las posibles e impredecibles consecuencias que usualmente suelen representar una lesión mucho mayor.

Olvida cualquier deseo de venganza, espera, espera y veras como tu agresor paga por su daño de alguna forma, pero no seas impaciente, espera y entre tanto no sientas rencor dentro de ti, ten la tranquilidad mental de saber que quien hace un daño, sin duda alguna, paga por ello de alguna forma y si llegas a ver que eso ocurre, no te alegres de lo que ahora le pase a esa persona, mas bien compadécela porque está recibiendo el castigo por sus malas acciones para mantener el equilibrio universal.

El primer castigo por violar la Ley deberá recibirlo aquí incluyendo el resarcimiento de los daños causados, pero si con ello no ha redimido su mala o malas acciones, mas tarde cuando ya no pueda mediar engaño o encubrimiento de ninguna clase, se decidirá si todavía debe resarcir más por su tras-gresión.

Hay algo que puede solucionar infinidad de problemas en la relación entre las personas, ese algo es la comunicación, infinidad de situaciones desagradables entre dos o más personas podrían haberse solucionado si hubieran hablado entre ellas del problema. Nunca pienses mal de nadie, si crees que alguien se ha portado mal contigo, háblale de ello y es muy posible que el problema desa-parezca.

Si se ha perdido la comunicación o buena relación que tenías con un semejante, cada uno debe intentar hablar con el otro para solucionar el problema, si uno de ellos lo intenta y el otro no quiere discutir el asunto, será esta una oportunidad que habrá perdido en la vida que tal vez no se le vuelva a presentar.

Los celos son un sentimiento de desconfianza muy común en las relaciones entre personas, originado generalmente por falta de seguridad en si misma de una con respecto a otra u otras personas.

La sensación que producen los celos, especialmente si van vinculados a un sentimiento de amor, es tan intensa que puede resultar casi lacerante para el que la siente. Cuando una persona sufre de celos, es difícil hacerle comprender lo absurdo de su actitud. En ocasiones ante la presión social dicen no sentirlos, pero la auto represión puede dar lugar a una explosión mucho mas intensa de lo usual.

Esta clase de celos puede presentarse asociada con otro u otros sentimientos, como la ira, el rencor, la congoja, el pesimismo, o la inquietud, circunstancia que no se produce en los que pudiéramos llamar celos benignos, los cuales tampoco dan lugar a las sensaciones personales tan desagradables que producen los otros.

El exceso de celos no solo hace daño a la persona celosa sino que también resultan insoportables para la persona celada, en cambio unos celos razonables que antes llamábamos benignos pueden incluso halagar a la persona celada que los ve como una prueba del interés que la persona celosa tiene en ella.

De cualquier modo los celos son una muestra de falta de confianza hacia la persona objeto de los celos, y no puede haber una buena relación personal cuando falta la confianza mutua.

El egoísmo es un sentimiento pariente de la avaricia, y aunque no excluye lo material, su matiz es más suave.

El egoísta contrariamente al avaro, no intenta atesorar o acaparar bienes, pero es celoso de los suyos y se abstiene de compartirlos o de dejar que los demás participen de lo suyo.

La persona egoísta debería estar consciente de que en la interrelación que supone la vida en comunidad, cada ser necesita de los demás, y si sus semejantes adoptasen su misma actitud, la vida en comunidad se haría muy difícil.

Es un sentimiento verdaderamente mezquino, es el deseo de quererlo todo para uno mismo. Evítalo, porque si eres pródigo con el que lo necesite, recibirás de vuelta mucho mas de lo que des.

Trata de experimentar el placer que produce el hecho de hacer feliz a alguien aunque sea por un momento, pero no te sientas feliz por tu acto altruista sino al ver la felicidad o agradecimiento en el rostro de la persona a la que hayas ayudado. Esto te ayudara a entender por que es más agradable dar que recibir.

La avaricia es otra tendencia negativa del ser humano, y consiste en el desmedido afán de una persona por acaparar objetos o bienes de fortuna incluso a costa de la necesidad de sus semejantes. La avaricia daña en mayor o menor grado al avaro de acuerdo con el grado de perjuicio que su actitud pueda haber causado a uno o más de sus semejantes, pero le resulta además especialmente dañina, porque le sume más y más en la materia hundiendo su espíritu en la misma medida.

Otro aspecto de la avaricia puede encontrarse en lo que se podría llamar avaricia de uso como son las adicciones, es decir, con todo lo que tiene un matiz de exceso, como el abuso en la complacencia de las tendencias del

cuerpo, en dejarse llevar de manera desproporcionada por ciertos placeres tales como la
comida, la bebida, el sexo o sustancias físicamente dañinas como pueden ser las drogas, o
el tabaco, hasta convertir ese afán en un vicio
o una adicción incontrolada.

Al igual que en el caso de los bienes, estas
inclinaciones no son nocivas en sí mismas,
pero el abuso desmedido de ellas puede llegar
a ser tan dañino para el alma como para el
cuerpo. Ya que el cuerpo humano, siendo como es transitoriamente la residencia del alma, debe ser cuidado, debe ser mantenido de
manera tal que el alma se sienta en él en un
ambiente confortable.

Si comparamos una casa como morada del
cuerpo, con el cuerpo como morada del alma,
podemos encontrar algunas similitudes útiles
para su comprensión.

Cuando alguien se instala en una casa para
vivir, suele estar acompañado de un mobi-
liario, ropa, comida y otros enseres personales que considera necesarios para una vida
confortable o para su placer intelectual, esto
está bien y así se sentirá la persona que utilice la vivienda, será libre de asomarse al
exterior o salir y volver a entrar en ella
cuando lo desee.

Si esa persona comienza a acumular bienes, llena de ellos la casa, los acumula en cajas que amontona por todas partes, hasta el momento en que ya no puede ver las ventanas e incluso le resulta difícil moverse por su interior, asomarse, o salir de ella, en ese momento esa persona habrá cambiado el buen disfrute por algo desagradable de soportar. Si a esa persona no le resulta insoportable esta nueva situación, es indudable que habrá cambiado su opción de lo bueno por la de lo malo.

La relación alma cuerpo es igual, el cuerpo es la residencia transitoria del alma, si un hombre se deja dominar por la materia, esta irá minando el alma hasta el momento en que bloqueada por la materia, se verá privada de poder actuar. Si en esa situación, la persona no hace nada al respecto para corregirla, estará alejándose del Bien y acercándose al Mal. Esto lleva a la persona a abandonarse a actitudes negativas como las que estamos comentando. Esta actitud de abandono, de dejarse llevar por el Mal en una especie de sopor mental que nos induce a no hacer nada, es en si misma otra actitud negativa que pudiéramos asimilar a la pereza.

La envidia es la estrella de todas las actitudes negativas, la mas cáustica de todas, que daña al que la sufre y causa daño a aquel contra el que se dirige.

La envidia es un sentimiento corrosivo para el espíritu producido por la fortuna, el éxito o las cualidades de otros seres. El envidioso o envidiosa, sufren un terrible pesar al ver el bien ajeno, capaz de llegar a ocasionarle daños corporales derivados del estrés mental que les produce el bienestar de sus semejantes.

La actitud mental de la envidia, se materializa en un mal deseo que hace daño al envidiado, aunque mucho menos que al propio envidioso, quien además de las consecuencias de la desazón interna que le produce la envidia responderá por ese daño gratuito hacia un semejante.

Sentimientos mixtos

Sentimientos mixtos son aquellos que no pueden ser clasificados de una manera absoluta como positivos ni como negativos, este matiz vendrá determinado por la sensación o imagen mental que dio lugar a ellos, y podrán tener uno u otro matiz según sea el caso.

Si los seres humanos hubieran sido programados como un ordenador, podría haber fallas de funcionamiento pero nunca una actitud negativa, un delito premeditado o un acto contrario a la ley o al bien común. En cambio el hombre, por su libertad de actuación, comete o no comete delitos, esto es algo que analizaremos en el capitulo destinado a la libertad del ser humano, un tema que ha sido objeto de grandes polémicas que raramente llegaron a ser esclarecedoras.

Entre los sentimientos que hemos considerado como mixtos podemos incluir: **el deseo, la esperanza y la sospecha**.

El deseo es un sentimiento con un matiz de futuro, cuando se desea algo es porque se carece de ello o se trata de una circunstancia que aun no se ha producido.

Cuando se desea algo de carácter material, el sentimiento suele tener, aunque no necesariamente, un matiz positivo, porque generalmente las personas no suelen desear conscientemente para ellas nada que las dañe.

Cuando el deseo está dirigido a que se produzca un determinado acontecimiento, puede ser para que este haga efecto en su propia persona o en la de algún semejante, es en este caso que el deseo puede adquirir ese carácter mixto ya que puede tener un matiz positivo o bien negativo como cuando alguien le desea a otra persona un mal o el fracaso en algo.

Los deseos, especialmente si son sanos, representan un anhelo que si la persona lo desea fuertemente y lo apoya con un buen esfuerzo de su parte, tendrá muchas probabilidades de que se cumpla.

La esperanza es básicamente, la expectativa interna de que llegue a realizarse en el futuro algo que es objeto de un pensamiento presente.

Es, en cierto modo, asimilable al deseo pero con un matiz diferente, ya que la esperanza tiene un carácter más pasivo que el deseo. Quien tiene la esperanza de algo, vería con buenos ojos que tal circunstancia llegara a realizarse, pero si bien la esperanza no deja de ser una variante del deseo, la esperanza no va acompañada, como el deseo, de un esfuerzo mental casi permanente tendiente a que se realice.

Es también un sentimiento mixto, porque puede revestir ambos matices, ya sea el positivo o el negativo. Se tiene la esperanza de que ocurra algo que ahora es solo una imagen mental y en ese caso el sentimiento será positivo si el objeto de esa expectativa está de acuerdo con el Bien, es decir, con la Ley, la moral y las buenas costumbres comúnmente aceptadas en esa comunidad de personas, de no ser así será un sentimiento negativo.

La sospecha es una creencia sin fundamento. Se produce por indicios no concluyentes, por comentarios temerarios de terceros o lo que es también común por imágenes mentales del propio sujeto.

Se incluye entre los sentimientos mixtos, porque aunque es mas frecuente en su aspecto negativo, también puede tener un matiz positivo, de no ser así estaría entre los sentimientos negativos personales porque generalmente la sospecha, mientras se mantiene como tal, está en la mente del individuo sin trascender, esperando que se convierta en realidad o que acabe quedando en simple sospecha infundada.

El individuo generalmente desea que el motivo de sospecha no llegue a realizarse y convertirse en realidad, en consecuencia no le da ningún carácter de certeza aunque no puede alejarlo de su mente. Esa situación mental de incertidumbre que produce la sospecha tiene efectos negativos para el individuo por la ansiedad que genera en él, los cuales se atenúan si la sospecha tiene un matiz positivo, pero en este caso si la sospecha no llega a realizarse será un motivo de decepción mental para el sujeto.

Una de las causas de la sospecha en las relaciones entre personas son los celos. La mejor forma de actuar ante la sospecha, es tratar de aclarar de una vez cualquier situación.

Cuando la sospecha se origina por un indicio encontrado por el sujeto sin intervención de terceros, debe buscar la manera de aclararlo de inmediato con el tacto necesario, teniendo en cuenta que una sospecha o un indicio son solo suposiciones que no corresponden necesariamente a una realidad y que lo que pueda parecer evidente es posible que tenga alguna explicación que lo justifique ajena al motivo de nuestra sospecha. Aquí la comunicación será también un instrumento de valor decisivo.

Si la sospecha se ha originado por una confidencia de un tercero debe aclararse con la persona afectada. Es muy común que alguien le diga a un familiar o amigo, que le va a contar algo de otra persona conocida de ambos, pero bajo la promesa de que no dirá nada ni la comprometerá a ella como confidente. Bajo ninguna circunstancia debe ser aceptado esto, porque se pone a la persona afectada en una situación de indefensión, ya que va a ser condenada por algo de lo que aunque parezca haber pruebas concluyentes, no se sabe a ciencia cierta como ocurrió o si tal vez ni siquiera es verdad.

Recuerda, no es suficiente que alguien cuente algo de otra persona, aunque tenga toda la apariencia de que pueda ser cierto, debes corroborarlo siempre con la persona y preferiblemente estando presente quien te lo contó, si esta no lo acepta es de ella de quien debes desconfiar.

Conductas a evitar

Hemos hecho muchos comentarios sobre el "debe ser" es decir, a la conducta que hay que adoptar y a las razones para ello, si hacemos ahora un análisis desde el ángulo opuesto veremos que también hay conductas que se deben evitar, una especie de "no debe ser" actitudes que debemos alejar de nosotros en la medida que nos sea posible al igual que hacemos con los sentimientos negativos, entre las actitudes que debemos alejar de nosotros están por ejemplo: *las quejas, la soledad, la ostentación y el dominio de los sentidos.*

No hay que quejarse, ni de los hombres ni del destino. No debemos dejar que las desgracias, los padecimientos físicos o el hambre del cuerpo nos hagan ser pesimistas. Piensa siempre que todo lo que nos ocurre tiene una razón de ser y que aunque no podamos recordarlo, somos nosotros mismos los causantes de todo lo que nos ocurre. Aunque pueda fallar la justicia de este mundo la del Universo jamás falla y cada uno va recibiendo de acuerdo con sus merecimientos.

No importa lo mala que pueda ser tu situación, no la manifiestes públicamente a los demás, dedica tu esfuerzo a superarla analizando las causas y buscando soluciones.

La soledad. El ser humano está previsto para vivir en comunidad y en consecuencia tiende, por naturaleza, a mantenerse en relación con sus semejantes, aunque se de el caso de que estés solo, no debes dejar que la sensación de soledad te domine.

No hay razón para sentirse solo en ningún momento, basta con que mires a tu alrededor y encontrarás en la naturaleza, en las artes, la ciencia, los deportes y hasta en las personas, si decides aproximarte a ellas, Abundantes motivos de interés y distracción. Hay infinidad de personas que estarán encantadas de compartir parte de su tiempo contigo si tu actuación está dentro de los parámetros normales del ser humano.

No obstante, selecciona tu compañía porque también hay gran cantidad de seres entregados al Mal que tratarán de hacer lo posible para atraerte halagando las inclinaciones de tu cuerpo o las inquietudes de tu mente, pero nada podrán hacer si tú no lo permites.

La ostentación. Hay que evitar en lo posible ese deseo de muchas personas de hacerse notar presumiendo de lo que tienen, destacando constantemente sus triunfos o posesiones tratando de poner de relieve su diferencia con los que han sido menos favorecidos por la fortuna o tal vez mas favorecidos porque cuando se recibe en exceso eso no deja de ser una prueba a la que se es sometido que hay que pasar con éxito y al presumir de ello se está haciendo todo lo contrario.

La vanidad nos priva de la protección de quienes pueden ayudarnos y ello aunque no sea nocivo para nuestro cuerpo si lo es para nuestro espíritu que es peor.

Si es malo ser vanidoso es igual de malo mostrarse excesivamente humilde, es decir, hacer ostentación de la pobreza o carencias que una persona tenga, ya que ello debilita nuestra energía.

No hay necesidad de alardear de nada, pero tampoco es bueno adoptar una actitud hipócrita mostrándonos incapaces de aquello que sabemos podemos hacer. Ni vanidad ni excesiva humildad, simplemente se debe adoptar una actitud discreta y sincera respecto a las propias aptitudes, ello es suficiente.

Por ultimo, debe evitarse *El dominio de los sentidos*, es decir, el dejar que nuestra vida esté dirigida por las percepciones sensuales.

A través de los sentidos percibimos las sensaciones de lo que ocurre en nuestro mundo exterior, pero la interpretación que hagamos de esas sensaciones puede ser engañosa, por lo que no se pueden adoptar juicios por la primera apariencia de algo.

Los sentidos son el nexo de la mente del cuerpo, con el mundo material que nos rodea, no hay que permitir que ellos sean un elemento rector de nuestros actos, recordemos que son instrumentos del cuerpo no del alma.

Capítulo **10**

Felicidad e infelicidad

De igual modo que el hombre se pregunta por que existe el mal o cualquiera de las tantas calamidades que pueden afectar al ser humano, se pregunta también por que existe la infelicidad.

Podemos asociar la infelicidad con sentimientos como el pesar, la tristeza, el rencor, la opresión interior, la desesperación o la congoja. La infelicidad no es en si un estado de ánimo espontáneo, sino el resultado de algún suceso o sucesos previos, pero en general, cuando procede del exterior del ser, suele ser consecuencia de una repetición de circunstancias desagradables que acaban convirtiendo el disgusto aislado en un estado de ánimo habitual.

Cualquiera que sea su origen, la infelicidad es muy dañina para el cuerpo, porque da lugar a una contracción general en todo el organismo que afecta incluso a la forma en que se respira y a las propias células.

En el mundo en que vivimos las ofertas de objetos materiales para aumentar el confort, el lujo o el placer son una tentación que pocas personas logran vencer. Todo el mundo desea más y más bienes materiales, y cuando alguien obtiene uno que deseaba, al tenerlo deja pronto de parecerle importante y posiblemente comienza a desear otro mejor o diferente.

El ser humano es, por naturaleza, un ente insatisfecho que con frecuencia sin importar lo bueno que pueda ser lo que tiene, desea lo otro, lo que no tiene, o lo que tiene otro. Este permanente desear no se refiere únicamente a los bienes sino también a las propias personas, hay quienes pretenden, como si acaso eso fuera factible, tener la propiedad de otros. Son por millares en el mundo las personas que teniendo una relación, generalmente sentimental, dañan o matan a su pareja si esta decide darla por terminada. Esta circunstancia ocurre varias veces al mes en la mayoría de los países del mundo.

Este tipo de delitos se ha extendido de una manera prodigiosa en todas partes, debido a la suavidad de las leyes en este tiempo, que pretendiendo ser humanas o benévolas con el delincuente se olvidan de las victimas de aquel y de que esta benevolencia hará que los delitos proliferen.

Esta continua insatisfacción de las personas, no solo genera una frustración que tiende a convertirse en infelicidad, sino que además produce sentimientos corrosivos para la propia persona que pueden afectar a las que la rodean, como el pesimismo, el odio, la envidia, el rencor, o el deseo de venganza contra la sociedad o alguno de sus miembros. Es por ello que vale la pena comentar las causas de la infelicidad para estar en capacidad de evitarla.

Hay dos clase de infelicidad, una de origen interno, que se produce por las características, tendencias, o actitudes específicas del individuo, y otra de origen externo, causada por el trato o daños injustamente recibidos sin importar de quien.

Infelicidad de origen interno

Tratando de averiguar el motivo de la infelicidad de las personas se pudo obtener una muestra estadística suficientemente representativa en la que quienes aseguraron no ser felices mostraron tantas razones distintas que llegar a una conclusión hubiera podido parecer sumamente complejo, pero en realidad no es así, por el contrario la conclusión es simple y válida para todos los seres humanos ya que aun siendo diferentes las respuestas todas remitían a un mismo origen.

La causa de la infelicidad de las personas son sus deseos. Efectivamente, los deseos que cada persona no logra satisfacer son su fuente principal de infelicidad. Si comparamos el confort con que viven actualmente las personas, especialmente aquellas de menos recursos, con el de hace doscientos años o incluso menos, la diferencia es abismal, y va desde no tener electricidad, cloacas, buenas carreteras, medios de comunicación, vehículos, equipos para trabajar la tierra y para procesar cosechas, fármacos avanzados, asistencia médica, etc., a tenerlo todo accesible de manera relativamente fácil.

Bajo las circunstancias actuales y pensando en el pasado, las personas deberían rebosar de felicidad, pero no solo no es así sino que además, la gente de nuestro tiempo es mas infeliz que la de cualquier otra época. ¿Por qué?

Refiriéndonos a la masa de los ciudadanos como lo mas representativo del conjunto, vemos que en otras épocas había muy poco que desear, las colectividades eran predominantemente artesanales y agrícolas, un campesino deseaba buen tiempo para tener una buena cosecha y el sustento asegurado, tenía unos cuantos animales que usaba para el campo o para alimentarse, su vestuario era muy reducido y sus descendientes aprendían el trabajo del campo. Tal vez algunos iban a una escuela cuando no eran necesarios en el campo o permanecían analfabetos. Puede parecer increíble que con todo a lo que tienen acceso hoy día, puedan ser menos felices, y sin embargo es así.

En este tiempo, las personas de cualquier edad son objeto de todo tipo de ofrecimientos comerciales desde que se levantan hasta que se acuestan: por la televisión, la radio, el teléfono, el correo y la puerta. Incluso si salen de su casa su camino estará inundado de avisos publicitarios por las calles, sobre los edificios, en la vehículos de transporte, en las carreteras y hasta en manos de repartidores que se los entregan a su paso.

Es aquí donde entran en juego esas tendencias negativas que hemos comentado y se exacerban los deseos, pero no los deseos legítimos, aquellos que tienen por objeto remediar una necesidad, sino los que tienen por fin satisfacer la vanidad y estimular la soberbia.

Un ciudadano considera que está necesitando un accesorio para su hogar y adquiere uno con el que está satisfecho y se lo muestra a su vecino quien lo elogia. Pocos días después, el vecino le invita a ver uno para el mismo uso que acaba de comprar él, cuando nuestro ciudadano lo ve, su vecino le muestra como el suyo es de un modelo mucho mejor, que aunque evidentemente sirve para lo mismo, tiene un aspecto mucho mas lujoso y por supuesto es mas caro. En la mayoría de los casos nuestro ciudadano regresa a su casa consternado y corroído por la envidia y se siente terriblemente infeliz, porque además sus recursos no le permiten adquirir otro producto mejor o al menos igual que el del vecino.

¿Por qué esa competencia? Es un fallo personal, es un fallo del sistema, o ambas cosas a la vez. Podría decirse con bastante propiedad que es un fallo personal producto del sistema.

Los ciudadanos reaccionan así, como resultado de la cultura colectiva que reciben, y esa cultura no puede ser de otro modo ni evitarse bajo los sistemas actuales. Cualquier persona razonable que no esté poseída por esas tendencias negativas que hemos comentado estará de acuerdo en que si hay un vehículo eficiente y razonablemente equipado, será suficiente para satisfacer las necesidades de cualquier individuo. Aceptemos que para cubrir una gama de necesidades ese vehículo se fabrique en dos o tres tamaños pero con similares características de quipo y acabado. De esta manera todos los que adquieran uno de estos vehículos estarán satisfechos y no envidiarán el de sus semejantes.

Pero no es así, la gama de oferta en marcas, calidades y categorías es enorme y se ha centuplicado con la globalización que nos permite adquirir productos fabricados en los lugares mas apartados del mundo.

Por otra parte, esta competencia de bienes de consumo, está respaldada y justificada, por los fabricantes o distribuidores interesados, y también por todas aquellas personas que no encontrando en si mismas otra forma de brillar o destacarse por sus méritos personales lo logran rodeándose de artículos que por su precio son inaccesibles para una buena parte de la población, lo que además las hace sentirse importantes.

Sin embargo, no es bastante un grupo sofisticado de compradores para justificar una producción, es necesario estimular la necesidad o el deseo, para llevar los productos a un conglomerado amplio de compradores, y es aquí donde entra en juego la publicidad y el crédito.

La publicidad está orientada a lograr ventas y para ello se utilizan los medios que sean necesarios. Los organismos públicos, así como un vasto sector de los ciudadanos están conscientes de que infinidad de anuncios publicitarios afirman cualidades que no se corresponden con los productos que anuncian o incluso se anuncian como buenos, placenteros o saludables productos que pueden llegar hasta a ser nocivos, las campañas que ocasionalmente hacen esos organismos para alertar y proteger al público son inoperantes como lo demuestra el hecho de que se hagan año tras año y no se remedie el mal.

Infinidad de personas creen de buena fe en los anuncios porque no pueden imaginar que se pretenda engañarlas y mucho menos a través de los medios de difusión. El propósito de la publicidad es vender, un anuncio tiene éxito si vende, no importan las características del producto ni las del propio anuncio, no importa la gente.

Hay productos y publicidad para todos los sectores y para las personas de todas las edades, comienzan a recibirla los niños con juguetes y chucherías, y continúa la oferta siguiendo la trayectoria del crecimiento del individuo hasta que se muere en cuyo momento todavía hay toda una variedad de ofertas para el último alojamiento.

También hay anuncios y campañas publicitarias, sin inserciones subliminales, sin contenidos de ética dudosa, con afirmaciones ciertas sobre lo anunciado y con un carácter más informativo que compulsivo. Sería deseable que fueran estos los más abundantes.

Parejo con la publicidad está el crédito. Los fabricantes están conscientes de que no importa lo efectivo que pueda ser un anuncio publicitario o lo bueno que sea el producto si los prospectos compradores carecen del dinero necesario para comprarlo, y es aquí donde interviene el crédito para resolver la situación, ofreciéndoles a los compradores todo tipo de facilidades para la adquisición en planes que varían de acuerdo con el producto ofrecido y lo necesario que sea el mismo.

El resultado es que los fabricantes venden su producto, el público permanece endeudado toda su vida, pero tiene acceso a toda clase de bienes y ve colmados sus deseos. Hay que mencionar el aspecto positivo de que los enormes contingentes de fabricación producen también importantes oportunidades de trabajo, aunque la automatización electrónica actúa en sentido contrario dando lugar ocasionalmente a despidos masivos difíciles de reubicar.

Hay que reconocer que las personas tienen que tener una gran fuerza de voluntad para resistir todo ese embate de ofertas, y una gran personalidad para pasar por alto la competencia de calidades, sentirse satisfechos con lo suyo y felicitar de corazón a quien tenga algo mejor, pero así es como debería ser.

No hay duda de que en comparación con el pasado los ciudadanos viven mejor porque pueden solucionar más fácilmente sus problemas básicos y los servicios públicos tienen en cuenta a la generalidad de los ciudadanos como nunca había sido así.

Cualquier ciudadano tiene derecho a protestar, a reclamar e incluso a demandar si se siente lesionado por otra persona o entidad, ya sea pública o privada, es un derecho inalienable, aunque, dependiendo del país, tal vez nadie le haga caso, pero puede hacerlo si está en capacidad de costear los gastos judiciales.

Si lo logra y gana, en ese momento se sentirá feliz, aunque no entraremos a evaluar si ese momento de felicidad llega a compensar todos los disgustos y sinsabores producidos por los daños reclamados y el largo proceso judicial sin tener en cuenta tampoco si la sentencia logra hacerse efectiva o simplemente le servirá para enmarcarla y colgarla en la pared por la imposibilidad de ejecutarla contra el infractor condenado.

A través de la historia, el mundo ha pasado por toda la gama de regímenes políticos conocidos y en verdad, la mayoría han mostrado su ineficacia, porque incluso los más eficientes en el cuidado de los ciudadanos, degeneraron en el ejercicio del poder y se pervirtieron, en parte por la inevitable delegación de funciones al recaer en personas inescrupulosas, corruptas o malvadas, fenómeno que sigue ocurriendo y se ha exacerbado en nuestros días. Posiblemente el problema radica en buena parte en haber adaptado a la vida actual sistemas políticos obsoletos, que si bien han sido acondicionados para el momento, esta adaptación no deja de ser un parche lleno de goteras.

Decía un ciudadano que él no se preocupaba por la política y que se mantenía al margen de ella. Era esa una opinión muy simplista, porque aunque no quieras tener que ver con la política, la política, quieras o no, tiene que ver contigo y te va a afectar a través de sus órganos y disposiciones que no podrás ignorar, porque las sepas o no, estas obligado a cumplirlas.

Quien viva formando parte de una comunidad de ciudadanos, inevitablemente recibirá ciertos beneficios y deberá cumplir y pagar ciertas prestaciones. Eso es así, y si no desea cumplir con las normas de esa comunidad lo mejor que puede hacer es irse, pero ¿A dónde?

En resumen, cada persona será mas feliz en la medida en que los bienes materiales sean menos importantes para ella y los considere tan solo un instrumento para satisfacer sus necesidades y en cambio dé mas relevancia a su espíritu porque mientras que él va a continuar la trayectoria de su existencia, todos esos productos, artículos y objetos de cualquier clase que sean se van a quedar aquí, no valen nada.

Muchas personas tratan de encontrar la felicidad buscando un propósito a su paso por la vida, hay quienes dedican toda su vida a lograr amasar una fortuna para dejarla a sus descendientes, ello les hace sentirse buenos e importantes ante sus herederos. Estas fortunas suelen tener mal destino en manos de quienes nada hicieron para lograrlas, casi nadie aprecia lo que no le costó trabajo ganar.

Otras personas encuentran el propósito de su vida intentando dejar una huella de su paso por ella, entre estas están la mayoría de los creadores e investigadores en el arte, en la ciencia y en las letras. Esta clase de personas no hay duda que son mas útiles a la humanidad, porque a ellas debemos los inventos que han mejorado la calidad de nuestra vida o las obras de arte en las que nos hemos podido recrear. Seguimos admirando trabajos hechos hace miles de años que en verdad son admirables.

Como este tipo de infelicidad se origina a través de las percepciones de los sentidos, pudiera parecer que no es apropiado el calificarla como de origen interno, sin embargo no hay duda de que si lo es, ya que se produce como resultado del análisis interno que hacemos de nuestras percepciones, al tamizarlas por nuestras tendencias negativas; ya que nada, aunque proceda de nuestro exterior, justifica que sintamos envidia, celos, rencor, o que seamos soberbios o vanidosos. No debemos pensar que nos están haciendo daño, la verdad es que aunque no lo creamos, nos lo estamos haciendo nosotros mismos.

Infelicidad de origen externo

Puede ser producida por diversas causas, pero no intervienen las tendencias negativas del sujeto, sino que la infelicidad tendrá su origen en otras razones procedentes de su entorno, como algún daño manifiestamente injusto a su patrimonio, a un ser querido o a su propia persona, contra los cuales se sienta incapacitado de reaccionar ya sea por falta de ánimo, por decepción o por impotencia ante la superioridad del poder de la persona o sistema contra el que tendría que enfrentarse.

La felicidad debe ser el estado natural del ser humano, por eso la búsqueda de la felicidad es algo que le es inherente. Se debe alejar de la mente cualquier pensamiento que nuble esa felicidad, y tratar de resolver y terminar cualquier situación que la perturbe.

Condicionamientos de los seres

Capítulo **11**

La libertad de los seres

¿Qué representa el ser humano, el hombre, en el contexto del Universo? ¿Es un ente libre con autonomía de decisión y de ejecución de sus actos o es una especie de marioneta manejada por seres superiores? Veamos.

Si estuviéramos investigando sobre seres del reino vegetal y pensáramos ¿Qué representa una hoja en el contexto de un árbol muy frondoso? Es posible que llegáramos a la conclusión de que, es una parte de esa planta que colabora en un porcentaje ínfimo a la existencia y funcionamiento de la misma. Esta, ¡sería una deducción muy razonable!

No hay duda de que en su pequeña proporción entre miles de otras semejantes, la hoja contribuye al funcionamiento y desarrollo del árbol, pero también es cierto que la desaparición de una hoja ni la de muchísimas hojas afectaría sustancialmente a la planta ni la haría desaparecer. Esto es lo que representa el hombre con respecto al universo, pero solo hasta aquí puede llegar la comparación, porque el papel del ser humano en el contexto del Universo es más complejo, aunque en el fondo el mismo que el de la hoja del árbol.

Las plantas, aunque aparentemente estáticas, son seres capaces de percibir sensaciones procedentes de su entorno, incluso entre ellas sienten tanto simpatía como desagrado unas por las otras, y aunque carecen de la amplia capacidad de movimiento y acción que tienen las personas o los animales, mientras unas conviven en armonía otras invaden el terreno de sus vecinas y las ahogan.

La vida de relación del ser humano es muy avanzada, en el ámbito del mundo el hombre es susceptible de una vida de relación más activa que los demás seres que le rodean, se mueve e interrelaciona con sus semejantes, con lo cual puede afectar en mayor medida la vida de otros seres.

La posibilidad del ser humano de actuar como en cada momento como le parezca, es una buena prueba de la libertad de que está dotado. Sin embargo, este tema del libre albedrío del hombre no ha dejado de suscitar controversias.

El principal argumento esgrimido por los que niegan la libertad del hombre, ha sido de carácter religioso. Aceptada la premisa de que el Ser Supremo, Dios, como lo conciben todas las religiones, siendo un ser omnipotente en cuya mente divina está el pasado, el presente y el futuro, sabe todo lo que ocurrió, ocurre y ocurrirá, conoce el comportamiento de cada hombre y cada uno de los actos que realiza o pueda realizar, y siendo que no es posible el error en la mente divina, el hombre estaría predestinado a actuar de la manera que la mente divina conoce, y en consecuencia, partiendo de este análisis, no sería libre para actuar a su arbitrio.

Se puede apreciar de inmediato lo simplista de esta conclusión: Considerar a Dios, al Principio Supremo en el Universo, como lo presentan las religiones en este mundo, es algo primitivo y ajeno a la verdad. Por de pronto, aceptemos como cierta la existencia de un Principio Supremo que de alguna forma, no importa por ahora como, dirige todo el funcionamiento del universo y de los seres que lo pueblan. Esta premisa fundamental, como cualquier otra, no debe sin embargo, aceptarse sin la debida justificación.

Dios, continuemos llamando así a ese Principio Supremo, es efectivamente un ser omnipotente con respecto a los demás seres del Universo. Baste considerar, a pesar de la perfección que supone el funcionamiento del cuerpo de los seres humanos, lo simple de su condición ante el Universo y mucho más frente a ese mundo de energía pura que representa el entorno de Dios.

Dios es el Bien en si mismo, es el principio y fundamento del Mundo del Bien constituido por energía pura que en su conjunto no puede ser contaminada, porque cualquier porción de energía que se acerque al Mundo del Bien impregnada de la mas mínima partícula de materia será repelida como se repelen los polos del mismo signo de un imán.

La energía pura que integra el Mundo del Bien, sobrepasa los límites del entendimiento de los seres humanos precisamente porque las funciones de la mente corresponden a la parte material del ser y aun el alma, el espíritu, mientras forma parte del ser humano, arrastra en mayor o menor proporción una carga material que limita su capacidad como ente inmaterial. Esa energía pura mueve y controla todo el Universo.

La parte material de la que el alma o porción de energía que nos anima, pueda estar impregnada y que la impurifica, no es igual en cada ser humano, sino por el contrario muy diferente ya que dependerá del comportamiento adoptado durante su trayectoria como ente universal y el avance que cada uno haya ido logrando en la labor de mejoramiento personal que se debe llevar a cabo en este mundo.

Si consideramos que Dios, siendo energía pura, es la representación de la perfección absoluta, es decir, la cima de la escala de perfección en cualquier sentido, aceptaremos que en una escala entre perfección e imperfección, los seres serán tanto más perfectos cuanta menos materia forme parte de ellos, es decir, en la medida en que la energía viva prive sobre la materia; por el contrario, se alejarán de la perfección en la medida en que su energía esté mas impregnada de materia.

El ser humano está en un mundo de tres dimensiones, en él sus actos como actos humanos se desarrollan en el tiempo, en cambio los seres incorpóreos se mueven en un ámbito intangible de inmortalidad en donde el tiempo parece estático.

Hay dos conceptos que suelen ser confundidos y utilizados como sinónimos: el de inmortalidad y el de eternidad. El de inmortalidad tiene que ver con el ámbito en donde evolucionan seres no corpóreos pero fuera del Seno del Bien. El de eternidad es únicamente inherente al Seno del Bien.

El grado de pureza de la energía que anima a los humanos depende de ellos mismos, porque son libres para actuar hacia el Bien o hacia el Mal, y estimular el desarrollo de su parte espiritual o dejar que la materia cubra su alma y la vaya ahogando.

Para entender cómo los seres son libres a pesar de la presencia de su posible futuro en la mente divina, hay que estar conscientes de la relación entre tiempo e inmortalidad, y de que largos espacios de tiempo en nuestro mundo equivalen a espacios de tiempo muy cortos en el plano de la inmortalidad.

Imaginemos el mundo, como un enorme laberinto en el que se mueven los hombres y trascurren sus vidas; su futuro, incluso el muy próximo, está oculto para ellos por las paredes del laberinto, pero no para cualquiera que pueda ver el laberinto desde cierta altura y menos para seres de energía más pura, que puedan apreciarlo desde otro nivel de existencia.

Los seres se mueven durante su vida por ese laberinto en la forma que les parece mas oportuna ajenos a lo que van a encontrar a cada vuelta, mientras que los entes de energía más pura desde otra dimensión tienen acceso a ver lo que les va a ocurrir, ven las alternativas que tienen y las que eligen.

El ser humano puede actuar como desee ignorante de su futuro. El presente de ese otro nivel, por esa confrontación entre tiempo e inmortalidad, incluye gran parte del futuro de este mundo. Sin embargo, el conocimiento que se tiene en ese otro nivel del futuro del mundo no deja de ser limitado, tanto por el propio tiempo como por la libertad de actuación de los hombres, que hará posible que cambien una forma lógica de comportamiento por algo impredecible.

El entendimiento de esta correlación entre tiempo e inmortalidad que describí en mi obra "En la Vida", es complejo para la mente humana.

El conocimiento que, en un cierto momento, pueda haber en otro nivel, de una parte del futuro del mundo, *no será un conocimiento absoluto e irreversible sino dentro de la lógica universal*, es decir, los humanos están ante una serie de alternativas que se le van presentando y según las que escojan, se podrá intuir cual podrá ser su *destino lógico*, un destino que los seres podrán modificar de acuerdo a la forma en que actúen.

No se puede considerar a Dios como un principio absoluto hasta el absurdo, pues siendo El, la esencia del Bien y de la perfección, es también la esencia de la lógica universal. Suelen decir los hombres que Dios no puede hacer que un círculo sea cuadrado, efectivamente ese sería un contrasentido, un absurdo que no puede existir en la mente divina.

No pases por el mundo sin pena ni gloria ajeno a cualquier interés, que no sea el de los placeres materiales, estas perdiendo la oportunidad que representa la vida, es como si asistes a un espectáculo extraordinario y permaneces en él con los ojos cerrados.

El hombre inteligente que razona no deja de hacerse preguntas y trata de descifrar el significado de la vida y de la muerte, llega a entender la razón de su existencia y eventualmente incluso logra trascender a su verdadero ser. Si no lo logra, al menos ha puesto de su parte un buen esfuerzo.

Llama la atención de los hombres el hecho de que hay personas que parecen estar marcadas por la desgracia mientras que otras están dotadas de lo que llaman don de Midas y tienen éxito en todo lo que emprenden.

Los hombres consideran injusto el destino de algunas personas: unas con problemas fisiológicos desde que nacen, otras con problemas mentales, y otras con problemas de subsistencia física. Todas esas situaciones tienen una razón de ser y una contrapartida, porque nada al nivel de un ser humano puede romper la armonía y el equilibrio del Universo ni nada ocurre sin una razón que lo justifique, la casualidad no existe.

En cualquier medio de este mundo, ya sea entre gente acomodada o necesitada, se pueden ver enormes contrastes en la evolución de los individuos que integran un grupo. Entre los necesitados hay quienes que se encumbran y entre los poderosos personas que se degradan.

En cuanto al cuerpo, las enfermedades pueden ser producto de factores hereditarios, de comportamientos inadecuados que llevan a ellas al sujeto o incluso en razón de circunstancias necesarias en su evolución como ente universal. El que una persona padezca una enfermedad no afecta a su parte espiritual, a su energía, porque esta no puede ser afectada por esa circunstancia, lo que si la afectará es la actitud de la persona ante ella.

La libertad de las personas radica en la serie de opciones que tienen y pueden escoger en su vida, las cuales serán, de acuerdo con las que elijan, las que decidirán su futuro.

Supongamos el Bien arriba, el Mal abajo y entre ellos extendida en un espacio sin dimensiones perceptibles una cuerda flexible que representa el tiempo. En esa línea del tiempo, un simple punto representa la dimensión de *nuestro presente*, mientras que en el ámbito de la inmortalidad su presente ocupará una mayor porción de la línea.

Grandes porciones de tiempo de nuestro mundo son pequeños espacios de tiempo en el plano de la inmortalidad y están presentes y visibles para los entes de energía que allí se encuentran.

Piensa en alguien en una calle de cualquier ciudad, solo podrá ver la parte de calle que le rodea, pero si se va elevando en el aire, podrá llegar a ver la ciudad entera, verá como posiblemente un hombre va a cruzar una esquina en donde otro le espera para causarle un daño, él no puede saberlo pero quien le ve desde la altura si, intuye por anticipado lo que le va a ocurrir, sin embargo ese hombre en un último momento podría decidir cambiar de dirección y no recibiría el daño que desde un punto de vista lógico iba a ocurrirle.

Cualquier ser humano está consciente de su libertad, sabe que cuando va a hacer algo, también podría no hacerlo, prescindiendo del interés particular que pueda representar para él llevar a cabo ese acto. Son pocos los obstáculos que pueden afectar a un ser humano si tiene dominio de su voluntad y desea superarlos.

Una muestra de que el futuro puede ser conocido, es la infinidad de casos absolutamente documentados de personas que anunciaron acontecimientos futuros, y cuando se dice futuro, tanto lo es algo que vaya a ocurrir dentro de algunos años como algo que deba ocurrir mañana o dentro de un momento.

Son ampliamente conocidos infinidad de casos de predicciones, especialmente de desastres a ocurrir en un futuro muy próximo, es como si teniendo piedad de los hombres, entes de otro plano desearan alertarlos. En tales casos no cabe la típica justificación de quienes encuentran en la telepatía la respuesta para la mayoría de los sorprendentes casos que parecen estar sobre lo natural, porque un vaticinio a futuro está fuera de su alcance.

Es de notar, que cuando se anuncia un hecho futuro, suele ser anunciado por más de una persona. La misma sensación es percibida por más de una y tal vez por otras que no le dan importancia creyéndolo un sueño o algo parecido.

Capítulo 12

Los derechos y deberes de los seres

Cuales son los derechos de una persona es fácil de deducir, exactamente los mismos que los de todas las demás sin distinción de raza, religión, posición, cultura o inteligencia, sin embargo son millones los que por alguna de las razones que se acaban de mencionar se creen mejores, superiores o con mas derechos. La realidad en el contexto del Universo y por supuesto en cualquier colectividad de nuestro mundo en la que las leyes sean justas es que todas las personas son exactamente iguales o al menos tienen un derecho inalienable a serlo.

Quien dentro de si mismo, no acepte esta igualdad entre los seres aunque públicamente si lo haga, debe buscar honesta e imparcialmente el origen de aquello que internamente le hace creerse mejor o superior a otros, y si lo hace honestamente no lo encontrará.

En lo único que una persona puede ser superior a otra es en el respecto que tenga por la ley y por sus semejantes, ello mostrará su grado de evolución como ente universal, pero esa evolución es accesible a todos los seres que lo deseen. Una persona con un alto grado de evolución nunca se siente superior a nadie, porque sabe que uno de los pilares que soportan su grado de evolución es precisamente el amor hacia los demás seres, y si una persona se siente en si misma superior, por esa razón habrá dejado de serlo.

Algunas personas que han tenido la oportunidad de lograr una educación esmerada y un grado de cultura notable, ven a veces con desdén a quienes no lo tienen. Deben darse cuenta de que su actitud es soberbia, orgullosa, vanidosa e injusta, y en consecuencia perjudicial para ellas mismas. Cuando alguien logra en la vida buenas oportunidades, debe agradecerlas y hacer buen uso de ellas, porque todo nos es proporcionado y todo puede sernos quitado si no lo merecemos. Esto me consta, aunque hay ejemplos de ello, conocidos de todos, en cualquier tiempo, lugar y nivel.

Es lógico, no obstante, que cada persona trate de relacionarse con otras afines en educación, y cuando digo educación no me refiero a sus estudios o grado de conocimientos sino a su capacidad de comportarse de manera adecuada y de acuerdo con los usos sociales y las costumbres del lugar en donde viva, lo cual no es difícil, ya que basta con observar la forma de presentarse y comportarse de los demás.

En el momento en que se produce la muerte del ser humano y su espíritu se libera y pasa a otro nivel de existencia. Esa parte espiritual, una porción de energía más o menos contaminada por su estancia terrenal, no tiene ningún color ni nada que la distinga de las otras más que su grado de pureza, que la situará más cerca del Bien o del Mal y determinará su próximo destino que desde luego dependerá de su comportamiento anterior.

Para que una persona pueda considerar que ha tenido un comportamiento correcto en su vida, deberá haber erradicado de su mente cualquier tendencia o acción negativa que pueda afectarla a ella o a sus semejantes.

Capítulo **13**

La justicia

Para los seres, la justicia es el principio supremo del Universo, es la expresión de la equidad, la esencia del Bien en si mismo, y debe estar al alcance de todos los seres estén donde estén, sin discriminación o distinción de ninguna clase.

La justicia es inherente a Dios, y la ley cuando está inspirada en la justicia, está destinada a los seres para mantener la equidad con la que deben ser tratados y tratarse entre ellos.

La ley no debe pretender favorecer ni al fuerte ni al débil, solo ser equitativa.

La justicia está sobre la ley, porque esta debe estar inspirada en aquella y *el verdadero deber de un juez es administrar justicia.* De manera que cuando aplica la ley debe estar seguro de que en ese momento está impartiendo justicia.

La justicia amerita dos consideraciones: la del entendimiento del concepto en si mismo y la de la igualdad que debe suponer, sin excepción, para todos los seres.

La correcta aplicación y uso de los conceptos bueno y malo en los juicios a los seres, representa la equidad o principio rector universal de la justicia, que establece la igualdad entre todos los seres y significa que siempre, en todo momento y en todo lugar del Universo, cada ser es titular de sus derechos y deben serle respetados, entendiéndose que tales derechos conllevan las correspondientes obligaciones que en suma representan los derechos de los demás.

Bajo el concepto de justicia, todos los seres sean como y quienes sean y estén donde estén son iguales. Cuando se viola la ley universal o las normas que rijan una comunidad, cualquier ser que las haya infringido, no importa quien sea, debe ser juzgado exactamente de la misma forma.

Aunque la justicia, para que sea tal, es imprescindible que sea igual para todos, realmente solo lo es en teoría, ya que se sabe que en todo el mundo ha habido y hay casos indignantes de sujetos quienes por su popularidad en algún sector, por su poder económico o político o por conveniencia social, quedan impugnes de sus delitos.

Quienes conscientemente hayan contribuido de algún modo a que un delito quede impugne, aunque se sientan seguros pensando que están amparados por la justicia de los hombres o fuera del alcance de ella, si su mente razona con normalidad dejarán de tener descanso, porque deben darse cuenta de que inevitablemente, ahora o después, serán juzgados y pagarán por su participación en la violación de las leyes Universales y de las de este mundo que las representen. *Esto lo se, tengo de ello plena seguridad y consciencia.*

Todo ser debe contribuir según sus posibilidades, a la correcta aplicación de la justicia y a poner cuanto este de su parte para evitar cualquier injusticia. Sin embargo, no quiere decir esto que cualquiera aisladamente, pueda constituirse en ejecutor de la ley y mucho menos cuando directa o indirectamente esté involucrado su interés personal.

El concepto de justicia ha sido, desde el origen de los tiempos, de aplicación general para todos los seres que pueblan el Universo y siempre lo será. Cuando se tergiversa el verdadero valor y significado de la justicia, siempre es de manera transitoria, porque estando como esta implícito en la mente de todos los seres, alguien volverá a restituirlo a su verdadero valor y significado.

Los más antiguos pueblos conocidos de este mundo, han patrocinado y establecido el concepto de justicia en sus tradiciones y mas tarde en leyes escritas desde que aparecieron las primeras que se conocen, casi cerca de veinticinco siglos antes de la existencia de Jesús de Nazaret, cuyo nacimiento fue adoptado como el principio de la era que está viviendo el mundo.

El concepto de justicia, aunque expresado de acuerdo con cada momento histórico, está presente en las más antiguas leyes que se conocen, cuyo contenido se trasladó de unas civilizaciones a otras teniendo siempre presente en su normativa el principio de equidad. El jurista romano Ulpiano (170-228) definía la justicia como: *la constante y perpetua voluntad de dar a cada uno lo suyo*, (Constans et perpetua voluntas ius suum cuique tribuendi), y así, expresado en distintas formas, habrá sido desde el origen de los tiempos.

El concepto de justicia es inmanente a todos los seres, y asumiendo que todo lo que es justo es bueno, será fácil llegar a la concluísión de que entre Bien y Mal la opción lógica es el bien, y de que siendo el Bien la forma correcta y natural de comportamiento no amerita para quien es bueno, recompensa ni agradecimiento. En cambio el acto intencio-

nadamente malo, representando una tras-
gresión del comportamiento correcto, debe
comportar un castigo equivalente.

El castigo que debe corresponder al Mal, debe
existir por dos razones: la primera sería en
este mundo por razones de orden público o a
instancia de la parte perjudicada para obtener el debido resarcimiento por el daño recibido; la segunda, y esta es la principal, para
mantener el equilibrio que supone la justicia
en el Universo y por ende en toda comunidad
de seres. Esta última razón lleva implícito un
castigo automático que sería de orden público
en este mundo y absolutamente inevitable al
llegar a otro plano de seres.

No hay nada que justifique el mal en ninguna
de sus formas. Aquella comunidad que no
castigue los delitos, sin importar quien los
cometa, de manera proporcional a su gravedad, verá florecer el mal como florecen las
plantas en primavera y extenderse como el
agua en una inundación, al tiempo que poco
a poco hará insoportable la vida en cualquier
comunidad de seres e instará a los oprimidos
a rebelarse contra los responsables de la
colectividad y contra quienes los justifiquen o
protejan. El mundo ha sido testigo de san-
grientas revoluciones cuyo origen no ha sido
sino este.

Basándose en la igualdad que supone la justicia, *no es admisible que haya personas que cometan actos delictivos contra sus semejantes y que no puedan ser castigadas ellas del mismo modo.* Es decir, nadie puede violar la ley y ampararse en ella para no recibir un castigo equivalente al delito cometido. Cuando una normativa jurídica llegue a este extremo, la comunidad en la que se aplique estará en manos del Mal, representado por delincuentes y asesinos, porque se produce una situación de indefensión general por falta de equidad en la proporción entre delito y castigo.

Recuerda: *Aunque un juez haya sido nombrado para aplicar la Ley debe tener presente que su verdadera labor es administrar justicia,* y el que conscientemente por cualquier motivo, lo haga de manera negligente y favorezca a un delincuente trasgresor, descuidando o perjudicando el derecho de otro ser, o se preste a impartir justicia con una normativa falta de equidad, recibirá de una forma u otra, en este mundo o después, mayor castigo que el propio delincuente.

Conociendo la naturaleza humana, es elemental que la elección de un juez amerita un especial cuidado, no es suficiente tener un conocimiento jurídico para poder administrar justicia. El verdadero juez deberá estar imbuido del sentido de la equidad e independientemente de su profesión no habrá fuerza, poder, ni interés que le haga olvidarlo. Para los humanos, es difícil saber quien es justo y quien no lo es, aunque los actos de las personas son el espejo de su personalidad y forma de ser.

El legislador debe asegurarse de que en el contenido de la ley vaya implícito el concepto de justicia, como generalmente suele ir, y la única forma de hacerlo es usando la propia ley para ello, es decir, estableciendo penas no solo equivalentes al perjuicio ocasionado en un caso particular, sino y como debe ser, teniendo en cuenta el hecho de haber violado la ley, de la que deben ser guardianes todos y cada uno de los ciudadanos como debería haberlo sido también quien haya atentado contra ella, porque cualquier violación de la ley afecta directa o indirectamente a toda la colectividad.

Quienes cometen actos contra los bienes, derechos o la propia persona de sus semejantes, están dejando que el beneficio mental o material que obtienen o tratan de obtener perjudicando a otros, vende sus ojos y su conciencia para complacer deseos materiales bajos o sentimientos negativos como la envidia. Pretenden no creer en nada, se convencen a si mismos de que todo termina con la muerte y que nada existe después de esta vida y en consecuencia para ellos todo está permitido si logran burlar o comprar la ley que los rige en este mundo.

En todo el Universo existe un permanente equilibrio sin el cual nada funcionaría, este equilibrio afecta a todo lo animado e inanimado y nada escapa al mismo. Si alguien recibe algo también debe dar algo, y si da, también de algún modo recibirá.

Quien comete un daño tiene que pagar por su trasgresión, tanto de la ley de los hombres como de la del Universo. Mas le vale a cualquiera pagar por sus daños aquí, en su vida, pues de no ser así mas sufrirá después.

Capítulo **14**

La política en la vida del hombre

En el tiempo en que vivimos, en el que el poder se basa cada vez más en un control total del ciudadano, a este no le queda otra alternativa que depositar su confianza en el sistema que rija su colectividad. No se puede en absoluto considerar la posibilidad de ignorar o prescindir del sistema ya que él no te ignorará y sus postulados y regulaciones te serán impuestos coactivamente.

Es el triunfo de la política sobre el ciudadano considerado como una individualidad, triunfo al que están contribuyendo cada vez más los adelantos cibernéticos que convierten al hombre en un dato más dentro de un archivo de prodigiosa capacidad.

Si bien los antecedentes de la actividad política pueden encontrarse desde que hubo comunidades establecidas, el progreso y el aumento de población a través de los siglos ha dado lugar a que se convirtiera en un nuevo estamento social: el formado por los políticos, que pretenden arrogarse la sabiduría de gobernar y han sido lo suficiente hábiles para persuadir de ello a la masa de ciudadanos quienes por convencimiento, por interés o por despecho hacía otros, los apoyan hasta que se sienten defraudados, en cuyo momento dirigen su voto a un opositor, o peor aun no apoyan a ninguno, ayudando así sin quererlo al mas elocuente o demagogo.

Es así como la política, por lo que puede afectar a los individuos en particular y a la masa de ellos en general puede ser motivo de infelicidad. La clase política, tal vez la mas vilipendiada pero también, paradójicamente, la mas apoyada, vio incrementada su relevancia con la aparición de la revolución Industrial en que se operaron importantes transformaciones en la estructura social del mundo, pronto se dieron cuenta los políticos de que los ciudadanos estaban cansados de los sistemas de gobierno tradicionales, que por razones obvias, que no es del caso explicar aquí, habían perdido credibilidad, y ante esta realidad, trataron de buscar una solución al problema.

¿Qué sistema adoptar? Un nuevo sistema sería difícil de introducir en la mente de los ciudadanos, además ¿Cuál?, La monarquía hereditaria contaba con todo un historial de fracasos debidos a la falta de cualidades del monarca o a la estupidez o ineptitud del que debía heredarle y tampoco era el sistema ideal para los nuevos tiempos.

La dictadura había que rechazarla de plano, porque mientras que originalmente dictadores como los que se nombraban en tiempos del antiguo Imperio Romano estaban previstos para solucionar los problemas del país y retirarse, los de ahora pretendían agarrarse al poder como una lapa y tenían que acabar siendo derrocados por la fuerza, además de que el sistema era impopular por la propia naturaleza humana.

La republica a pesar de sus raíces en Grecia y Roma, su resurgimiento en el Renacimiento y sus más cercanas experiencias en Europa, resultaba un tanto controvertida y no parecía una solución.

Por su lado, la famosa democracia griega también era impracticable en comunidades tan populosas, pero sonaba muy bien a los políticos "el gobierno del pueblo", sí, ¡verdaderamente sonaba muy bien! era necesario trabajar sobre esto y además con cierta urgencia, porque la aparición de grandes fabricas demandaba trabajadores lo que produjo un éxodo del campo a las ciudades y los trabajadores bajo la presión del esfuerzo que se les exigía habían comenzado a organizarse en sindicatos y a paralizar la producción con huelgas.

Sin embargo la solución ya había sido encontrada, el gobierno ideal para la época moderna sería la democracia, pero adaptada a los nuevos tiempos, se llamaría "democracia representativa", con ella quedarían satisfechas todas las partes, sería de nombre el gobierno del pueblo, y de hecho el gobierno de los políticos que lo representarían. Después se vio que hasta la monarquía podía ser remendada con el mismo sistema y así se hizo también para lograr satisfacer a un sector más amplio.

Para el monarca, en aquellos lugares donde subsistió la monarquía, resultó útil el cambio, ya que mientras que otra persona ejercía como verdadero gobernante, él, continuó manteniendo su posición como un elemento neutral dentro del sistema, eximiéndose así de la responsabilidad de los resultados del gobierno ante los ciudadanos. A cambio de esta situación de privilegio con respecto al conglomerado de los ciudadanos, el monarca actúa como una especie de gran embajador representando al país cuando es necesario, pero su intervención no es relevante.

La democracia representativa como forma de gobierno, en ocasiones bajo un matiz republicano que no la diferencia mucho en la práctica, se ha consolidado en la mayoría de los países del mundo, porque de cualquier modo y a pesar de sus deficiencias es, entre las existentes, la más aceptable. Las fallas que presenta son generalmente más de carácter humano que del sistema, al que perjudican en gran manera. El efecto de esas imperfecciones produce sensación de infelicidad no ya en individuos aislados, sino, en amplios sectores de población.

¿Cuáles son las principales fallas del sistema?, ¿Por qué en tanto tiempo no han sido corregidas? Podemos decir que aunque es posible hacer una vasta enumeración, las fallas esenciales que suelen darse son: la injusticia social por deficiente aplicación de la ley, la corrupción, los compromisos políticos con donantes poderosos o con el propio partido de gobierno, o la ineptitud del dirigente o de sus colaboradores a pesar de la habilidad demagógica o de oratoria que pueda tener aquel o estos.

La causa de estas deficiencias se encuentra precisamente en la naturaleza de las personas, que en nuestro tiempo, en una amplia mayoría, han perdido los valores fundamentales, entre los cuales el sentido del honor, es tal vez la pérdida más sensible.

Todavía en tiempos recientes, digamos hasta finales de la primera mitad del siglo XX, si alguien era tachado de ladrón o de inepto en las funciones que le estaban encomendadas, era capaz de quitarse la vida antes de asumir tal vergüenza. Sin que por ello aprobemos tal reacción, hoy en día será muy difícil encontrarla, en medio de comunidades en las que la corrupción es abundante, y el que comete una mala acción se siente arropado y justificado por todos los que sabe que han hecho lo mismo o peor.

Por otro lado, la deficiente aplicación de la Ley, ha ablandado la justicia hasta el punto de que los infractores, vividores, pícaros, ladrones y asesinos le han perdido el respeto, y en lugar de sentirse amenazados por ella la invocan como su aliada, y se sienten protegidos por ella, así como por infinidad de organizaciones cómplices que pretenden proteger los derechos humanos saliendo en defensa de los derechos de los criminales, secuestradores y asesinos, pero olvidando los de las víctimas de estos que nadie defiende.

¿Ha quedado en el pasado el tiempo en que los seres eran sometidos a esclavitud y el poderoso era dueño y señor de la vida de sus semejantes? Evidentemente existe ahora una gran libertad de pensamiento y acción para el individuo, pero como la naturaleza humana es diversa y básicamente igual, es de temer que lo que se está produciendo es una sofisticación del sistema para someter a los hombres de una manera masiva pero mas sutil, convirtiéndolos en datos electrónicos totalmente controlables.

Capítulo 15

La Ley

La ley es la norma explicita inspirada en los principios del Derecho Natural que regula la vida de relación de la gente. La ley es necesaria debido a la naturaleza humana y debe ser justa, porque su fundamento es la equidad.

La ley tiene una gran influencia sobre los seres humanos que viven en comunidad, porque está destinada a gobernar su comportamiento. La inadecuada implementación de la ley puede producir desviaciones de conducta que de otra forma no ocurrirían.

En nuestro mundo o por lo menos en gran parte de él, todas las personas, sin distinción, son iguales ante la ley, esta igualdad, debido precisamente a la naturaleza humana, es con frecuencia más nominal que real.

La norma jurídica, cuando está involucrado el interés público, debe ser de aplicación general y, por supuesto, inspirada en la equidad, sin embargo, independientemente de que la norma sea justa, es frecuente que el principio de equidad que la tipifica sea distorsionado en su aplicación.

Un mismo crimen puede recibir un tratamiento diferente de acuerdo con quien es el criminal, lo cual es absolutamente inconsistente con el significado de la justicia, esto no es materia de un caso aislado ni ocurre en una comunidad especifica, sino una circunstancia muy común en cualquier país; es algo que todo el mundo sabe y existen infinidad de casos en cualquier comunidad de personas.

Una situación de favoritismo legal hace inclinar la balanza de la justicia ante el prestigio social, popularidad, el poder económico y político o el interés público o privado, rompiendo así el equilibrio de la justicia. Tal circunstancia produce una gran decepción en los ciudadanos que se sienten desilusionados, oprimidos, relegados o discriminados sin posibilidad de encontrar una solución y hace que muchos de ellos pierdan el respeto que se debe tener a la ley y adopten actitudes radicales, lo cual si bien es comprensible por la frustración de los afectados, la mayoría de las veces será mas dañino para ellos.

La población se queja de situaciones como la comentada, aunque en el momento del mundo que estamos viviendo, el pueblo es responsable de gran parte de las frustraciones que sufre, porque son el resultado de sus errores. Recuérdese el proverbio: "Cada pueblo tiene el gobierno que se merece" Lo cual tiene mucho de cierto.

La masa de los ciudadanos es altamente sugestionable y se deja llevar por quien habla mejor y les hace mas y mejores ofertas. El análisis que hace la gente de sus semejantes es apasionado, interesado o instintivo, pero raramente razonado u objetivo, así se equivocan y se vuelven a equivocar una y otra vez, y si casualmente aciertan, pronto se dejan engañar de nuevo y prefieren abandonar el bienestar logrado para volver a situaciones peores, la mayoría de las veces ya vividas.

Para lograr el apoyo popular no se necesitan grandes promesas, es suficiente con ofrecer un cambio, quizá innecesario el cual además no suele ocurrir pero que al ofrecerlo halaga la falta de conformismo del ser humano y cuando el cambio ocurre no suele ser para mejorar.

La mayoría de la gente suele aceptar feliz y esperanzada cualquier oferta de cambio, porque aunque puedan estar razonablemente bien, siempre desean mas y esperan estar mejor, por eso aceptan la oferta de cambio, incluso sin tener una idea clara sobre la clase de cambio, cuales son las mejoras que recibirán y si el cumplimiento de las promesas que le han sido hechas es factible.

Las normas legales, al igual que los contratos, están hechas para ser cumplidas, pero contrariamente a estos en los cuales cada parte está obligada mientras que la otra u otras no incumplan el contrato, la norma jurídica debe ser cumplida bajo una penalidad en caso de incumplimiento, aunque la otra parte, en este caso el gobierno, no haya cumplido su parte.

En la norma jurídica no existe la paridad que suele existir entre las partes en un contrato o convenio salvo los contratos de adhesión. La norma jurídica obliga a todos a quienes va dirigida, no importa si la conocen o no, este es el significado del axioma que dice: *"La ignorancia de la ley no exime de su cumplimiento"*

El carácter compulsivo de la norma legal va mas allá, porque si la aplicación de la ley decepciona o daña a un ciudadano, su única posibilidad es acudir ante un juez hasta llegar a la ultima instancia, pero el ciudadano deberá estar en capacidad de pagar el costo del procedimiento mas los servicios de un abogado y tener la suficiente paciencia posiblemente varios años durante los cuales sufrirá el daño recibido o seguirá injustamente privado de libertad para lograr finalmente un resultado que no siempre le compensará o será verdaderamente justo.

Son incontables los individuos en todo el mundo dañados en su patrimonio o en su integridad física o la de su familia sin que las autoridades correspondientes les hayan sido de ninguna ayuda. Hay también muchos ciudadanos quienes conscientes de un peligro inminente a sus vidas o a las de su familia, fueron repetidamente buscando ayuda a los organismos u organizaciones correspondientes sin que sus peticiones fueran tenidas en cuenta hasta que finalmente el peligro temido llegaba a ocurrir y ya no había remedio.

El sentimiento de indefensión que experimenta una persona en tal situación no puede ser calmado por ninguna clase de consuelo. Es también cierto que los enormes conglomerados de población y la gran profusión de crímenes, hace mas difícil la protección a los individuos, pero ese no es asunto de los ciudadanos sino del gobierno el cual debe encontrar la forma de cumplir el deber tácitamente asumido en el contrato social en lugar de dar prioridad a complacer a los votantes potenciales en detrimento de la justicia y de la propia seguridad de los ciudadanos.

El motivo de que las leyes sean violadas constantemente en la mayoría de las colectividades del mundo ha sido objeto de infinidad de comentarios y escritos. Un vasto sector de comentaristas considera que esa continua contravención de la ley es consecuencia de la naturaleza humana, pero no es así. Es evidente que la naturaleza humana hará muy difícil lograr que en una colectividad de individuos, aun de reducidas proporciones, todos estén de acuerdo en una misma cosa y no se produzcan transgresiones, pero entre otros propósitos, ese es uno de los que justifica la existencia de la Ley si se aplica con justicia.

Si todas las personas estuviesen de manera unánime de acuerdo en todo, no haría falta la Ley, lamentablemente por esa naturaleza diversa del ser humano en la que cada uno tiene su propia opinión sobre la clase de comportamiento a adoptar en cada situación, es que partiendo de los principios de justicia y equidad, se han elaborado las leyes.

Nadie que razone con algo de lógica encontrará justificación al delito, y precisamente la existencia de las leyes muestra como hay personas que razonan adecuadamente frente a las que no lo hacen así, ya que las leyes al contener la esencia de la justicia en si mismas y haber sido elaboradas por hombres, muestran la calidad de quienes las hicieron.

Sin embargo, es interesante determinar las causas de ese constante incumplimiento de las normas legales, porque ello podrá ayudar a establecer correctivos.

Las personas incumplen la ley por diversas razones que pueden presentarse aisladamente o concurrir varias a un mismo tiempo.

Si tomamos en consideración el argumento de la naturaleza humana, habrá que conceder que un primer motivo de incumplimiento será la tendencia de la mayoría de los seres humanos a no ser limitados en ningún sentido. El ser humano tiende por naturaleza a la libertad, a una libertad general y en cualquier ámbito, tendencia que tal vez conserva en sus genes como una reminiscencia de su ancestro primitivo. En principio esto no amerita objeción.

Cualquier persona está de acuerdo en ser titular de esos derechos que le permitan actuar a su libre albedrío y si preguntáramos si consideran que este derecho debe ser común a todas las demás personas, lo mas seguro es que pensando con equidad y justicia nos dirían que si. A pesar de esta posible unanimidad, es muy factible que ese planteamiento en su aplicación práctica sea un fracaso.

Como cada persona es diferente de las otras en sus gustos, carácter y comportamiento, si se permitiese a cada persona actuar de acuerdo con sus deseos, los de unas se contrapondrían a los de las otras y a la mayoría le resultaría imposible disfrutar de esa libertad, salvo que alguna, como en épocas primitivas, impusiera sus deseos por la fuerza. Por eso son necesarias las leyes que están basadas no en el interés o deseo de un individuo, sino en principios de equidad válidos para todos los ciudadanos.

Precisamente como la ley constituye una limitación a los deseos de libre actuación que tiene cada individuo por separado, encontrará una renuencia a su cumplimiento que deberá ser compensada con el correspondiente castigo para el que la infrinja, en resguardo del interés general.

En un Estado de Derecho en el que la Ley sea igual para todos sin excepción, y la justicia sea el principio rector para aplicar la Ley, cualquier comunidad será feliz; aunque pueda haber discrepancias de pensamiento o comportamiento, que las habrá, la igualdad ante la Ley limará y hará aceptables las normas, y los individuos serán los primeros en rechazar el incumplimiento.

Capítulo 16

Los seres ante el Universo

Los avances tecnológicos logrados desde el siglo pasado hasta ahora, parecen haber hecho más accesible para los seres, tal vez pudiéramos decir esclarecido un poco, un Universo cuyas dimensiones superan el entendimiento humano.

Cada vez estamos mas inmersos en cuestiones relacionadas con el Universo, ya sea por nuevos descubrimientos, por las exploraciones de los astronautas, satélites artificiales o artefactos varios enviados a diversas partes de nuestro sistema planetario, todo ello favorecido por los innegables avances tecnológicos que hacen factible no solo una súper visualización sino incluso esa posibilidad de hacer viajes interplanetarios que épocas atrás hubieran parecido una quimera a muchos científicos para no hablar del hombre de la calle.

La importancia que tiene para los hombres reconocer los componentes de ese Universo del que formamos parte, no es satisfacer la simple curiosidad ni tampoco el orgullo por nuevos logros científicos, ya que un mayor conocimiento de lo que nos rodea y del funcionamiento cósmico, nos ayudará a entender mejor nuestro propio mundo, al igual que el conocimiento del pasado puede ayudarnos a establecer correctivos con vista al futuro, un futuro que en estos momentos, por diversas razones, es para los hombres incierto e incluso temible debido a su propia actuación sobre la naturaleza, a la que causaron daños que pueden considerarse irreversibles para las actuales generaciones pero que desde luego modificarán las pautas de vida de las próximas, si las hay, porque tampoco podemos dejar de tener en cuenta la capacidad de autodestrucción lograda por los adelantos científicos que hacen que el mundo viva sobre un polvorín atómico, no siempre en las mejores manos.

Centrándonos específicamente en el hombre, es fácil ver la interrelación que existe entre él y el Universo que le rodea, que afecta tanto a su parte física como espiritual. Todos los seres humanos forman parte de este microcosmos en el que estamos y no les es posible librarse de él más que con la muerte que los lleva a otro plano de existencia.

Solo algunos casos aislados en el tiempo, tan pocos que no ameritan ser tomados en consideración, han estado o están dotados de ciertas facultades no ordinarias en el ser humano, la mayoría de estas personas con facultades por encima de lo normal, las han tenido desde su nacimiento, las que lograron estar conscientes de ellas y cultivarlas han dejado huella de su presencia.

Ya hemos explorado antes las características del ser humano, como ser pensante, y sabemos que la inquietud que siente le lleva a buscar contestación y significado a tantas preguntas sin respuesta que se hace, pero además de un ser que piensa es un ser social, concebido para vivir en comunidad con seres como él entre los que no encuentra tanpoco solución a los misterios que le rodean.

Sin saber que hacer, por donde empezar o a donde dirigirse, mira a su alrededor, eleva su vista al espacio y ve todo tranquilo, parece un invento magistral de funcionamiento perfecto, una obra de arte con colores difíciles de reproducir.

De pronto, se vislumbra a si mismo como un ser ínfimo sobre la tierra, en medio de esa naturaleza prodigiosa capaz de auto renovarse permanentemente favorecida por el Sol, la lluvia y el substrato sobre el que se asienta. Percibe la presencia lejana de millones de planetas y estrellas en un movimiento perpetuo y por un momento se siente extraño a todo ello, como si hubiera entrado a una fiesta en donde no estaba invitado y se pregunta ¿Qué hago yo aquí?

En ese momento que se siente solo, solo ante un Universo impenetrable. Toda la presencia de sus semejantes desaparece de su mente y tiene la sensación de estar en una gran explanada y tener frente a él una serie interminable de puertas cerradas, una serie de misterios por descifrar que le producen una sensación de indefensión y soledad.

Poco a poco su mente va recobrando la calma y dejándose caer sobre sus rodillas cierra los ojos y comienza a pensar, al abrir de nuevo los ojos todo ha desaparecido y vuelve a ver ante si el amigable paisaje con su variedad de colores y sobre ellos el azul del espacio, entonces sin cambiar su posición se siente consciente de su responsabilidad en este mundo, del deber de contribuir con su pequeño aporte al funcionamiento de ese engranaje perfecto.

La influencia de los astros

La astronomía se ocupa y estudia la parte material del Universo y desde ese ángulo todo lo que en él existe es material. Otra vieja y controvertida ciencia, la astrología, estudia su parte inmaterial. Si comparamos el Universo y el hombre, la astrología es, en cierto modo, al Universo lo que el alma o espíritu es al cuerpo en el hombre.

La verdadera astrología tiene que ver con las leyes naturales que mantienen la armonía del Universo y la influencia mutua que producen unos cuerpos celestes sobre los otros y sobre cualquier forma de vida que en ellos exista.

No se pude afirmar categóricamente que el hombre haya alguna vez percibido ese carácter y función de la astrología, aunque hace más de 5.000 años que los caldeos estaban de algún modo conscientes de lo que representaba y posiblemente fuera ya una ciencia recibida con anterioridad de la que la astronomía formaba parte de algún modo. Más recientemente los babilonios y griegos desvirtuaron un tanto su significado y la matizaron en la forma que llegó hasta nuestros días.

Con la caída del Imperio Romano, la consolidación del cristianismo y la etapa de oscuridad de la Edad Media, la práctica de la astrología decreció y su finalidad se fue tergiversando convirtiendo lo que era un instrumento de investigación y conocimiento en un instrumento de adivinación, algo ajeno a su verdadera realidad pero que persiste en la mente de la mayoría de la gente, cuyo contacto con la misma se reduce generalmente a las informaciones preformadas y por supuesto sin valor alguno que se pueden encontrar en publicaciones de todo el mundo.

La importancia de la astrología para que ocupe un pequeño espacio dentro de este trabajo, es el hecho de mostrar como los astros y otros elementos y fenómenos estelares influyen y son influidos unos por los otros logrando esa asombrosa armonía cósmica, influencia que afecta tanto a nuestro mundo material como a los propios seres que al fin y al cabo no dejan de formar parte también de ese mundo material.

Con la astrología ha pasado como con otras ciencias que por haber sido vulgarizadas y desprestigiadas, han sido excluidas del campo científico, y aun cuando este haya aceptado algunas de sus manifestaciones, siguen con el estigma de desprestigio en la mente de gran parte de la población del mundo. Tal es el caso de la sugestión hipnótica que ridiculizada en infinidad de escritos, películas y espectáculos, es hoy día un excelente instrumento clínico para ciertos aspectos de la mente humana, pero si se habla de ella, la mayoría del público la relacionará con actuaciones de circo, teatro e ilusionismo.

Es indudable que existe una influencia del cosmos sobre nuestro mundo, tanto sobre la naturaleza que nos rodea, como sobre nosotros mismos, pero aunque exista esta influencia reconocida por la ciencia, especialmente en lo que se refiere a nuestro astro mas poderoso el Sol y a nuestro satélite, por su gran proximidad a la tierra, no quiere decir que se pueda pretender usarla como instrumento de adivinación o predestinación.

Sin embargo, son millones las personas que cada día están pendientes de las informaciones relativas a su signo del Zodiaco, a través de la prensa, revistas, radio o televisión. Siendo generalmente a eso a lo que se reduce el interés popular por la astrología.

Con respecto al Zodiaco, esta representado en el espacio por una porción circular sobre la elíptica cuyos 360° están divididos en 12 sectores de 30° cada uno. Cada signo del Zodiaco ocupa uno de esos sectores.

Usualmente se dice que el Zodíaco comienza a discurrir con el inicio del equinoccio de Primavera, moviéndose en sentido contrario a las agujas del reloj a través de los signos zodiacales en períodos de tiempo aproximados de treinta días, para terminar con el fin del invierno y comenzar de nuevo en la primavera siguiente, recorriendo de esa manera los doce signos zodiacales o constelaciones.

De hecho, los signos del zodiaco son una fantasía concebida sobre las constelaciones y diferente de ellas, porque las constelaciones son mas de doce y aun en el caso que aceptáramos que son doce, el tamaño de las constelaciones es muy diferente y el paso delante de cada una necesitaría un tiempo mayor o menor de los 30 días previstos. Las fechas establecidas para el paso del sol frente a cada signo zodiacal están también afectadas por la presesión de los equinoccios, en consecuencia los signos zodiacales no pueden ser asimilados a las constelaciones que supuestamente representan.

Los comentarios anteriores muestran la calidad de la información astrológica que se publica cada día en todo el mundo, sin embargo, cualquier experto en astrología esta perfectamente consciente de lo inútil de tales informaciones.

Todo el cosmos se mueve en una asombrosa armonía en la que *gravedad y magnetismo a gran escala juegan un importante papel y serán la mejor posibilidad para el desarrollo y evolución de una aeronáutica espacial generalizada. De cualquier modo la aeronáutica espacial no alcanzará un verdadero desarrollo mientras las aeronaves no estén en capacidad, por si mismas, de despegar y aterrizar con dominio sobre la gravedad planetaria.* En este ámbito del cosmos en el que nos encontramos la naturaleza de nuestro mundo está influida en una u otra forma por los astros que en órbitas más o menos alejadas están cerca de él.

Es posible que las personas reciban alguna clase de influencia de los astros dominantes en el momento de su nacimiento, de cualquier modo aun siendo así, ese influjo no es determinante y como se dijo, es consecuencia, de lo que pudiéramos llamar el magnetismo universal que afecta a todo lo que alcanza, pero no hay que confundir tal influencia con un estigma de predestinación para el futuro, sino que ese ascendiente original de los astros dominantes en el momento podrá transmitir tal vez ciertas tendencias o características, en especial en nuestra relación con el mundo material en el que actuaremos de una manera tal vez parecida a la de otras personas pero nunca igual a ninguna.

El efecto que pueden producir los elementos del cosmos, se observa muy claramente en nuestro planeta en fenómenos como las mareas y en el comportamiento vegetal, pero no es tan claramente definible a primera vista en relación a la actuación de las personas precisamente debido a su libre albedrío.

Puede ser que la influencia de los astros, afecte nuestras características como la herencia genética lo hace con nuestro aspecto exterior, pero ello no significa que determine nuestra forma de actuación ni que predestine nuestro futuro, ya que estamos dotados de una absoluta libertad de elección en todos nuestros actos. El dominio de la voluntad nos permitirá mantener el timón de nuestra vida hacia el rumbo por nosotros deseado.

Para terminar el análisis que hemos venido haciendo sobre la composición y caracteresticas del ser humano hay que referirse, por último, a la distinción entre dos conceptos esenciales en las relaciones de los seres, no solo en el mundo sino en el propio Universo: lo bueno y lo malo, bondad y maldad, la primera como tendencia hacia el Bien y la segunda como abandono y entrega al Mal.

Capítulo 17

Bueno y malo, Bien y Mal

Si admitimos la existencia en el Universo del Bien y del Mal, deberemos aceptar también que hay seres que optan por el Bien y otros que se entregan al Mal. Desde un punto de vista de moral personal, para quienes se inclinen por el Bien, será bueno todo lo que esté de acuerdo con las normas fundamentales que rigen en cualquier mundo, los que se hayan entregado al Mal las rechazaran y promoverán su violación.

Si hablamos de Bien y Mal es importante tener claro su significado así como el de bueno y malo, por de pronto, tendremos claro que cuando se habla de bueno y malo no se puede hacer una distinción basada en lo que nos guste o disguste, favorezca o perjudique, los conceptos de bondad y maldad no pueden ser producto de un análisis pragmático subjetivo. Lo que se considere bueno para alguien, no tendrá tal cualidad si no es bueno al mismo tiempo para cualquier otro ser. Lo mismo ocurre con lo malo, lo que es malo para alguien también lo será para todos los demás.

Las personas no son iguales ni sienten igual, las que rechazan el Mal tienden al Bien, y del mismo modo pertenecerán al Mal las que se dediquen a él y actúen contra el Bien y contra quienes lo practiquen.

El Bien y el Mal representan principios antagónicos que no pueden coexistir, son filosofías de vida que se rechazan mutuamente y pertenecen a distintos sectores de existencia, además, como los conceptos de Bien y Mal son fundamentales, afectan a todos los seres en cualquiera que sea el lugar del Universo donde se encuentren, por lo que en consecuencia no estamos hablando de este mundo sino del Universo, de un Universo que incluye todos los mundos posibles sin olvidar esos otros ámbitos intangibles e inaccesibles para los seres corpóreos, como los propios del Bien y del Mal.

En nuestro mundo o en cualquier otro mundo de seres corpóreos capaces de razonar y dotados de esa porción de energía que solemos llamar alma, coexistirán ambas tendencias, Bien y Mal, esa es la razón de todos los conflictos, guerras, crímenes, desavenencias y todo tipo de violaciones a la ley universal. También es factible la coexistencia de ambos extremos en el primer nivel de seres incorpóreos en el ámbito de la inmortalidad, pero no en otros de mayor perfección ya que ambos principios son incompatibles por naturaleza.

El Bien y el Mal

Cuando se plantea el tema del Bien y del Mal, surge espontáneamente la pregunta de cual es la razón por la que tenga que existir el Mal. Si se supone que el Bien es la opción buena para los seres, y si hay un Ser o Principio Supremo que personifica el Bien y partimos del supuesto de que es todopoderoso, ¿por que permite el Mal?

Para que algo pueda ser apreciado como tal, necesita un contraste, todo debe tener dos matices contrarios, esto ha estado en la mente de los hombres desde el origen de los tiempos, porque el hombre, fuera de las presiones de que haya podido ser objeto, fue casi siempre igual y razonó de manera similar, lo que ha cambiado de acuerdo con los tiempos ha sido la tecnología, pero el hombre siempre fue igual y evolucionó a lo largo de su vida: niñez, juventud, madurez y vejez de una manera muy parecida y acuciado por los mismos sentimientos.

El contraste está en todo: frío y calor; luz y oscuridad; bueno y malo; dulce y salado; etc. Los seres perciben y califican cada una de estas cosas porque existe su contraria, de no ser así perdería para los seres esa cualidad que la caracteriza.

Por otro lado, uno de los valores esenciales del ser humano es la libertad de que esta dotado, si el hombre hubiese sido creado bueno o malo, seria eso, no tendría opción y sus actos serian producto de su condición. Pero opuesta a la energía pura que representa el Bien está la del Mal, el hombre nace a un mundo donde ya existe el Bien y El Mal, pero nace libre, dotado de la capacidad de distinguir lo bueno de lo malo para optar por una de tales alternativas de conducta.

En el Universo siempre existe un opuesto para todo, al igual que todo tiene su inverso, algo así como un reflejo inevitable. Cada elemento del universo influye y es influido por los demás, y nosotros los seres humanos no somos una excepción y padecemos o nos beneficiamos por la influencia de otros elementos.

Entre los opuestos, el mas importante por su trascendencia, es este de Bien y Mal, porque es el que va a caracterizar a cada ser en el Universo y a su actuación ante los demás. Si alguien, con un desconocimiento absoluto de todo, se planteara por primera vez esta disyuntiva se formularía una pregunta lógica: ¡Bien, Mal!, ¿cual es mejor?

Al hablar del Bien o del Mal, podemos considerarlos como dos estados a los cuales se llega a través de nuestras acciones, ya que nuestros actos pueden ser buenos o malos. Los actos buenos nos acercarán al Bien, y los malos al Mal; no hay nada que justifique el mal en ninguna de sus formas porque desde que nacemos estamos conscientes de la diferencia entre ambas opciones.

Analicemos ahora brevemente, los significados de Bien y Mal como principios universales. Por de pronto ambos son conceptos abstractos que existen en el Universo, representan formas opuestas y antagónicas de energía incapaces de integrarse en un todo.

El Bien es energía positiva pura, poderosa, es armonía y equilibrio, es la perfección en cualquier sentido. La energía pura supone la ausencia de materia o de cualquier otra participación que tenga un matiz que no sea el de pureza; la armonía es funcionamiento perfecto.

El Mundo del Bien es el seno del Bien, de cuya energía participan todos los seres del Universo y volverán a El si logran mantener la pureza de la porción de energía que les anima. La energía del Bien en los seres, es su parte espiritual en oposición a su cuerpo o parte material.

El Mal, por su parte, es también energía poderosa, pero negativa que aunque intangible como la del Bien, se nutre de materia, es una energía antagónica a la del Bien. En la medida en que los seres se van dejando llevar por tendencias materiales, se va produciendo un bloqueo y una contaminación de su porción de energía que cada vez se ve mas imposibilitada de manifestarse y si lo hace será bajo la influencia de la materia que la contamina, y el individuo estará cada vez más cerca del Mal.

Cuanto más se entreguen los seres a lo material, más difícil les resultará superar su influencia, porque irán perdiendo la consciencia del Bien, y pronto habrán perdido también la fuerza de voluntad necesaria para abandonar los malos hábitos adquiridos, para lo cual necesitarán tener un gran deseo de alejarse del Mal que se manifieste por medio de una fuerza de voluntad consistente y tal vez alguna ayuda si su voluntad no es lo suficientemente fuerte.

Cuando un ser llega al mundo material para animar un cuerpo que nace, pierde la consciencia de su ser como ente universal.

Aunque el espíritu está transitoriamente traumatizado por la encarnación, el recién nacido tiene capacidad de razonar, ha recibido las características del alma que lo anima, pero su mente está en blanco, todo recuerdo de su trayectoria anterior le ha sido borrado y mientras el cuerpo no vaya desarrollándose es también incapaz de manifestarse y de realizar gran parte de la actividad corporal de relación.

En ese momento del ser, si bien ya están en su mente, no tienen todavía sentido práctico en ella los conceptos de bueno y malo, aunque está capacitado para discernirlos partiendo de las sensaciones que recibe de los sentidos y según en que forma le afecten.

Para facilitar su entendimiento haremos un análisis muy simple de cómo un recién nacido va reconociendo en su mundo exterior conceptos ya existentes en su esencia como los de bueno y malo.

Desde que los humanos nacen al mundo, hay dos sensaciones muy claras incluso para la mente con capacidad aun muy limitada de manifestación de un recién nacido, estas sensaciones son el placer y el dolor. Una caricia agrada y algo que dañe su cuerpo duele, esto tan simple comienza a despertar en la mente del recién nacido el concepto de la oposición entre bueno y malo aunque todavía carezca de nombre para él. Es bueno lo que le gusta y malo lo que le molesta o le daña. La caricia le agrada y eso es algo bueno, un golpe le duele y eso es malo. Del mismo modo asocia con esos conceptos a las personas que ve a su alrededor, las que le producen gratas sensaciones son buenas y le gustan, las otras no.

Cada ser sabe que no debe hacer daño a otro porque tampoco desea ser dañado. Esto lo entienden los seres por si mismos, sin necesidad de que haya ninguna norma que lo establezca, es la Ley Natural, que sirve de estructura a los principios generales del derecho y de la moral, es un derecho no escrito que se deriva del gran principio general que rige El Universo.

Estas normas de derecho natural, han existido siempre y no pueden dejar de existir porque son inherentes a la existencia de los seres, no importa que algunos las ignoren y las violen, siempre existirán. Sin entrar en este momento en posibles justificaciones, los transgresores, sin duda alguna, pagarán ampliamente por cada daño que hagan, por cuanto están muy conscientes de la maldad que encierran sus actos.

Es absolutamente necesario que los transgresores paguen por sus malas acciones para que se mantenga el equilibrio del Universo, pues de otro modo ese equilibrio sería un tanto inestable. En este momento del tiempo en que vivimos el equilibrio entre Bien y Mal está completamente desbalanceado porque en la mayoría de los países los transgresores son cada vez menos castigados por sus daños.

Las noticias de cada día hacen pensar a veces, que la ley, o mas aun la interpretación y aplicación que se hace de ella, tratando de exacerbar la protección al ser humano o tal vez incluso por temor al poder de los delincuentes, protege más al delincuente que a las personas que la cumplen, se habla por doquier de los derechos de los delincuentes, pero todos olvidan los de aquellos a quienes ellos dañaron o asesinaron.

Quien ha sufrido un daño y decide perdonarlo no estará en capacidad de reclamar a cerca de él, y quien ha causado un daño debe estar consciente de que aunque haya sido perdonado por su victima, su acto es una violación a la ley universal y de alguna manera será irremediablemente castigado.

Las penas o castigos para las transgresiones de la ley deben ser necesariamente equivalentes a los delitos, única forma de que se mantenga el equilibrio que debe existir en el mundo como reflejo del cumplimiento de la ley universal. No hay que equivocarse y pensar que esto equivale al contenido de la antigua Ley del Talión ya descartada en épocas muy antiguas, sino que la pena al trasgresor debe ser el justo castigo por el daño cometido teniendo en cuenta no el daño en si mismo sino también sus consecuencias para la victima y en especial el dolo, la intención de hacer mal, ante lo cual no puede alegarse ningún tipo de justificación.

La piedad o compasión que se debe tener con un delincuente es la misma que este haya tenido con su víctima. Penalmente, si no hay intención de causar daño no hay delito, aunque civilmente si tiene que haber resarcimiento por el daño causado, incluso si fue accidentalmente o por negligencia.

Cuando alguien ha causado un daño a un semejante, especialmente un daño repetido contra una o más personas, dejar al delincuente entre los demás seres, solo hará que sus instintos se extiendan y proliferen.

Cuando un daño haya sido causado por quien detente un cargo publico o alguna clase de poder o autoridad sobre una colectividad, el o los culpables y sus cómplices, deberán ser separados de inmediato, para siempre, de cualquier función pública y sometidos a una pena en la que se tenga en cuenta el agravante del perjuicio potencial del mal ejemplo que representa el daño para toda la comunidad.

Quienes defiendan la tesis contraria, es decir, al delincuente, evidentemente están comprometidos con el mal, se benefician o participan moral o materialmente, directa o indirectamente del delito que defiendan cubriéndolo con una máscara de piedad hacia el delincuente, porque prefieren ignorar consciente y expresamente el daño y dolor de las víctimas.

Por último, la coexistencia del Bien y del Mal es necesaria para que cada ser, haciendo uso de la libertad de elección de que está dotado, pueda optar voluntariamente por uno de ellos. De no existir la alternativa de estas opciones dejaría de tener sentido la propia libertad de los seres ya que solo podrían actuar en el sentido que existiera.

Entre el Bien y el Mal

A lo largo del tiempo, los seres humanos adoptan comportamientos diferentes ya sea con tendencia hacia el Bien o el Mal, lo cual ira modificando su posición entre ambos.

En cualquier lugar como este de nuestra dimensión y usando el ejemplo ya comentado al distinguir entre tiempo e inmortalidad, supongamos que el Bien está arriba y el Mal abajo, e imaginamos un cable elástico que discurre entre el Bien y el Mal en el que la trayectoria de cada ser en el tiempo representa en ese cable elástico una pequeña esfera, algo así como la cuenta de un collar ensartada en el cable, la cual si las acciones del sujeto son buenas se hará mas volátil y tenderá a elevarse moviendo el cordón hacia arriba y contrariamente cada acción en contra de la ley natural del Universo cargará de materia la esfera, la hará mas pesada y moverá el cable hacia abajo. Es así que la calidad de las acciones de los seres de este u otros mundos hará que la posición de cada uno de ellos en la trayectoria del tiempo cambie, es decir, que cuanto peores sean sus actos mas se desplazará su ser hacia el Mal y si su comportamiento es bueno, o se hace bueno, su posición se elevará hacia el Bien.

El ejemplo anterior sirve simplemente para hacerse una idea de cómo las acciones de los seres influyen en su destino, acercándolos o alejándolos del Bien.

Decíamos que si una persona ha actuado mal pero después se arrepiente y su comportamiento se hace bueno se acercará al Bien, sin embargo, usando la lógica universal es claro que no debe entenderse que el arrepentimiento borra de una vez la maldad como si no hubiera existido.

El arrepentimiento es bueno si es sincero y basado no en el temor al castigo, sino en el dolor de haber atentado de alguna forma contra el Bien o las normas universales emanadas de El, lo que significa que ha actuado también en detrimento de sus semejantes y hasta de si mismo. Un arrepentimiento sincero acercará al ser hacia el bien pero no en la medida que lo hubiera estado si no hubiera atentado contra Él ya que deberá continuar mostrando su tendencia hacia el Bien, y si tras el arrepentimiento el ser vuelve a reincidir en nuevas trasgresiones, su arrepentimiento será cada vez menos valorado para mantener el equilibrio que debe haber compensando la culpa.

En este u otros mundos hay seres con cuerpos materiales mientras que hay otros niveles en los que los seres son de energía más pura. Aunque no se trata de niveles en el sentido que usualmente se le da en el mundo, utilizaremos esta nomenclatura para facilitar la comprensión. Si hay un plano ocupado por el Bien y otro opuesto en alguna dimensión ocupado por el Mal, los seres que pueblan el Universo tendrán que estar entre esos dos principios antagónicos, mas cerca de uno o de otro, según sea la trayectoria de su comportamiento en el tiempo.

Vamos a dar por cierto que en el ámbito del Bien la energía es tan pura y poderosa que sobrepasa la imaginación de un ser en su condición corporal.

Mientras dura su inserción en un cuerpo material, cada ser muestra su tendencia hacia el espíritu o hacia la materia. No hay que confundirse y pensar que por el hecho de que una persona posea muchos bienes materiales su espíritu pueda estar materializado, los seres se dejan llevar por la materia tanto con su mente como con sus acciones y ello no tiene nada que ver con los bienes materiales que haya podido obtener legítimamente una persona, los cuales pueden eventualmente ayudarle a remediar también la necesidad real de otros, es absurdo pensar que para ser bueno hay que ser pobre, hay pobres buenos y malos al igual que ricos buenos y malos.

Si el individuo se complace de manera desmedida en lo material descuidando u olvidando su origen y parte espiritual, la energía de su alma se tornará densa, pesada, grosera, y al dejar su condición humana, en el momento de su muerte en este mundo, su parte espiritual será incapaz de elevarse y permanecerá tan cerca del Mundo del Mal como materializada esté.

Un espíritu así contaminado, aun en ese otro primer plano inmaterial, podrá conservar las inclinaciones que adoptó en este mundo y se complacerá, por ejemplo, en ser todavía mentiroso y grosero.

Los seres en este mundo deben tratar de que su espíritu no pierda su relación con el Bien, deben mantener esa relación hombre-Bien ya que los hombres son una emanación del Bien y a Él deben volver superando cualquier tentación que puedan encontrar en lo material.

Mundo del Bien y Mundo del Mal

Muchos son los mundos y muchos los seres capaces de pensar y sentir, pero en cualquier mundo es deber ineludible de los seres evitar el Mal.

Los seres humanos no pueden ser tan presuntuosos como para pensar que en un Universo cuyos límites ni llegan a concebir, esta pequeña cabeza de alfiler que es la tierra entre infinidad de otros planetas, en otras tantas galaxias, sea la única habitada. Afirmar que somos los únicos en el Universo con al menos nuestra capacidad de raciocinio va contra toda lógica, aunque pasemos por alto indicios inexplicables con la tecnología disponible milenios atrás, que han perdurado en nuestro mundo desde tiempos remotos. Pues bien, en todo el Universo rigen unas leyes naturales que son buenas y aplicables para todos los seres que en él existen o puedan existir.

Todas estas circunstancias son por si mismas una muestra de la perfección del Universo y confirma la necesidad de la existencia de un Principio Supremo que lo controle. Todos los seres provistos de un intelecto, estén donde estén y sean como sean, están regidos por normas de conducta basadas exactamente en los mismos principios, porque esas normas que podemos considerar de Derecho Natural vienen a constituir los principios generales de todo otro derecho. En donde no sea así, solo podrá ser porque las leyes han sido distorsionadas por seres entregados al Mal y alguien las restaurará de nuevo a su verdadero cauce.

Ya hemos comentado sobre lo que llamamos Mundo del Bien y Mundo del Mal, de la antítesis que representa cada uno con respecto al otro, y como el Bien contiene implícito en si mismo el principio de la justicia, elemento básico para que sea factible una buena convivencia entre los seres.

Aunque el Bien es obviamente la mejor opción, no por ello es escogida por todas las personas. El ser humano en su condición de tal, actúa de acuerdo con su grado de evolución anterior, lo que se manifiesta en sus actos, en sus opiniones y en el dominio de su voluntad o en el sometimiento de la misma a lo material, a lo que en nuestro mundo llamamos vicios y malos instintos.

Para quienes se dejaron seducir por lo material, la falta de dominio de la voluntad puede llevarles a situaciones cada vez más comprometidas y de más difícil retorno, lo que podrá hacerles muy difícil lograr el regreso a la opción del Bien.

Cuando un ser comienza a dejarse arrastrar hacia la materia siguiendo la tendencia natural de su cuerpo que es materia, en una primera etapa no le dará importancia a lo degradante de sus actos, ni los considerará tales, en todo caso se sentirá seguro y confiado de poder abandonarlos cuando les parezca oportuno.

En un segundo estadio les resultará difícil prescindir de actos que ya se habrán convertido en hábito y comenzará a defenderlos para justificarse. Finalmente se convertirá en enemigo del Bien y tratará de atacarlo y de lograr que otras personas sigan su propio camino, aunque en su interior sentirá una terrible desesperación que no obstante no logrará vencer su orgullo y amor propio. En este estado de cosas será difícil que esas personas puedan retomar el camino del Bien por si mismas sin ayuda.

Capítulo 18

El futuro, premoniciones y profecías

Uno de los tantos enigmas que han llamado la atención de los seres humanos a través de los tiempos ha sido la capacidad de algunas, muy pocas, personas para ocasionalmente ver en el futuro. La primera reacción ante alguien que pretende revelar lo que está por venir es de incredulidad. ¿Cómo lo sabe?, no parece haber ninguna explicación científica ni lógica.

Ya en tiempos muy antiguos los profetas eran consultados y tenidos muy en cuenta cuando acertaban, en cambio eran maltratados, encarcelados o eliminados si su predicción no se cumplía, porque supuestamente habían hablado en nombre de Dios y si fallaban se consideraba que habían hablado falsamente de Él.

No hay nada más fascinante para una persona que utilice su capacidad de razonar, que los propios enigmas del género humano. ¿Cómo somos? ¿De donde venimos?, ¿A dónde vamos después de esta vida?, ¿Existe verdaderamente otro mundo antes y después de este? Si es así, ¿Cómo es ese mundo? ¿Dónde está? Estas son solo algunas de las más relevantes preguntas que se hace el ser humano cuando no puede evitar el uso de su capacidad de raciocinio.

Si el hombre trata de analizar sus incógnitas bajo un punto de vista religioso sea a través de la religión que sea, la religión le exige a las personas la aceptación de los dogmas que tiene establecidos sin admitir discusión o desviación de ninguna clase con lo cual las personas quedan eximidas de cualquier esfuerzo mental o cualquier interrogante para avocarse a la simple aceptación, incluso bajo la amenaza de penas espirituales cuando no lo fueron también corporales. Si el análisis se efectúa bajo un ángulo científico o filosófico cada persona se encontrará ante enigmas, al parecer indescifrables, que generalmente seguirán siéndolo para ella.

Las preguntas que un hombre puede hacerse son tantas como extenso puede ser el comentarlas, por eso vamos a centrarnos específicamente en el tema con el que comenzamos este capítulo: la incertidumbre del futuro para los seres humanos y la factibilidad de visualizarlo.

Sin referirnos a los profetas más famosos y a sus profecías, vamos simplemente a recordar como efectivamente personas aisladas en diferentes momentos han visto por anticipado acontecimientos que se produjeron poco tiempo después, incluso, en ocasiones, varias personas en diferentes lugares tuvieron la visión de un mismo acontecimiento. Casos de esos están ampliamente documentados y no tiene objeto, ni repetirlos ni argumentarlos porque están comprobados y aceptados. La pregunta es ¿Cómo puede producirse esa clarividencia en el tiempo?

No hay duda de que las personas en general son diferentes entre si, no tienen el mismo aspecto, no razonan de la misma manera, no tienen los mismos instintos, su grado de inteligencia es diferente, e incluso su paso por la vida transcurre de manera muy distinta ya sea en razón de oportunidades, fortuna o salud. Incluso ante una misma ocasión, unas saben sacarle partido y aprovecharla y otras la dejan pasar o la desperdician. Del mismo modo también hay personas con una sensibilidad psíquica notoria que en otras está mucho más atenuada o incluso no se manifiesta en absoluto.

Aquellas personas dotadas de la sensibilidad necesaria para ello, ven ocasionalmente cosas futuras que las otras no pueden ver, pero, esto es muy importante, *no están capacitadas para producir a voluntad esas visiones porque su control no depende de ellas*, por el contrario estas se producen en cualquier momento de manera ajena a la voluntad del sujeto, más aun, es frecuente también que dichas visualizaciones no sean claras y deban ser objeto de una interpretación para descifrarlas. Esto ocurre en mayor medida con las premoniciones a largo plazo las cuales son de más difícil interpretación porque pueden incluir elementos inexistentes en el momento en que la visión se produce y en consecuencia carentes de sentido para el sujeto que las experimenta.

Cuando la ciencia se mostró interesada en esta extraña capacidad de algunos seres humanos, no tardó en perder interés al no poder lograrse resultados controlables y desde luego también, al encontrarse ante algún que otro fraude.

Nada de lo que se diga en este sentido puede contar, hasta ahora, con el respaldo de una comprobación repetible a voluntad ni tampoco con un análisis científico como base, pero al amparo de la lógica si pueden tomarse en consideración explicaciones como las que expondré a continuación para lograr alguna luz sobre un tema que a pesar de haber sido tan debatido sigue siendo tan oscuro. Este tipo de argumentos pueden ser de gran utilidad e incluso servir de soporte de investigación para cualquiera que sienta interés en ello.

La explicación más plausible para justificar la posibilidad de que el futuro pueda ser conocido en este nivel de existencia, está en el ejemplo ya comentado anteriormente en este libro, del laberinto sin techo en donde transcurre nuestra vida, junto con la contraposición entre nuestra dimensión del tiempo y la de la inmortalidad.

Lo que pueda ocurrir tan solo un momento mas tarde de nuestro presente es un enigma. Podemos esbozar suposiciones sin que nada nos garantice que puedan ser acertadas o no, lo que sucederá mañana o lo que nos ocurrirá al dar la vuelta a la esquina no podemos saberlo, es la incertidumbre del futuro del que solo nuestra trayectoria y situación actual pueden darnos algunos indicios producto de una deducción lógica, pero jamás una certeza. Si alguien desde lo alto estuviera en la posibilidad de ver el laberinto en su conjunto, podría saber lo que hacen las distintas personas, como se mueven, lo que dicen y lo que puedan estar intentando.

Para dar un ejemplo, si desde un plano elevado alguien hubiera estado viendo cuando el famoso Titanic avanzaba en una trayectoria que le dirigía a colisionar con el iceberg, estaría teniendo un conocimiento del futuro vedado a los seres que en él viajaban, en un principio era solo un futuro previsible porque el barco podía cambiar su rumbo y eludir el encuentro, mas tarde se convertiría en un evento futuro cierto cuando la proximidad hiciera físicamente inevitable la colisión.

Situados en cualquier calle de la ciudad en que vivimos podemos ver la acera de enfrente y ambos lados de la calle a lo largo, hasta donde nos alcance la vista o haya un obstáculo que impida nuestra visión, pero si nuestra vista y oído fuesen lo suficientemente potentes y nos pudiésemos elevar sobre cualquier parte de la ciudad en que vivimos, poco a poco veríamos no solo nuestra calle sino la ciudad entera como si estuviéramos viéndola en un plano impreso, veríamos, por ejemplo, como un individuo podría estar esperando a otro con un arma para asaltarlo y matarlo, pero el interesado estaría imposibilitado de saberlo porque esa circunstancia aunque muy próxima formaría parte de su futuro y seguiría caminando tranquilo al encuentro del desastre.

No obstante, esta explicación bastante razonable para los hechos que hemos comentado, no resulta tan satisfactoria para aquellas profecias hechas con cientos o más de mil años de antelación.

Una amplia parte de nuestro futuro o del futuro de cualquier mundo corporal de tres dimensiones, que pueda llegar a representar generaciones, está visible y forma parte del presente de ese otro plano de existencia que hemos llamado inmortalidad.

Bajo ese punto de vista las premoniciones de un ser humano serían lo que podríamos llamar fallas estructurales que harían posible que un ser aun teniendo vedada y bloqueada la facultad que le permita acceder a ese conocimiento, debido a alguna extraña y poco usual circunstancia imprevista, o tal vez expresamente prevista, tuviera un atisbo de un fragmento del presente de ese otro nivel todavía en nuestro futuro incluso a veces muy lejano.

Para que esta tesis tenga justificación, es necesario partir de la aceptación de la existencia de otro plano de seres, para lo cual basta acogerse a la creencia mas difundida en toda la humanidad desde el origen de los tiempos: la supervivencia del espíritu después de la muerte, (nótese que digo creencia, porque estoy consciente de que aunque haya cientos de millones de personas que lo consideren un hecho, no hay nada que científicamente pueda respaldar tal aseveración, por otra parte aunque alguna persona haya tenido una experiencia por encima de lo posible en este mundo, no hay comprobación alguna de su relato mas que sus propias palabras). Sin embargo, si negamos la supervivencia de nuestro espíritu después de la muerte en la forma que sea, dejarán de tener sentido la mayoría de nuestras creencias y cambiarán los cánones de comportamiento e incluso la ética de las personas teniendo en cuenta la realidad de la naturaleza humana.

La coexistencia de nuestro presente y futuro en el presente de otro nivel de seres, la deduje de la confrontación de dos conceptos que ya analicé hace años en mi trabajo "Libroex" en donde también comentaba mi mencionada tesis del laberinto que ya esbozamos en un capítulo anterior, y tiene lugar al contraponer y relacionar entre si los conceptos de tiempo e inmortalidad.

La vida de las personas en este mundo transcurre a lo largo del tiempo que ha sido dividido y subdividido en base a circunstancias astronómicas, las horas se convierten en días, estos en semanas, para llegar a meses y años que a su vez se acumulan en siglos y milenios, durante los cuales discurre no solo nuestra vida sino también la de nuestros antepasados y sucesores formando la historia del mundo.

El concepto de inmortalidad, y no digamos ya el de eternidad, se aleja de nuestra comprensión al igual que el de infinito mas acorde con este ultimo; de cualquier modo ambos se caracterizan, en nuestro mundo, por una falta de dimensión apreciable, algo así como una carencia de principio y de final.

En una relación de continente a contenido, la inmortalidad sería el continente y el tiempo el contenido. Todo lo que ocurre en el tiempo queda formando parte de la inmortalidad y por supuesto de la eternidad, no son conceptos que se contraponen sino que el transcurso del tiempo está presente en la eternidad, forma parte de ella. Si nos imaginamos el tiempo como una larga película, el presente de nuestro mundo sería un solo fotograma, mientras que el presente de la eternidad abarca toda la película o la mayor parte de ella. Pudiéramos decir también *que la eternidad es a la vez, la memoria y el futuro del tiempo.*

Ahora bien, si pensamos en dos planos de existencia de los cuales uno tiene las características de la inmortalidad y el otro las del tiempo en nuestro mundo o en cualquier otro mundo de tres dimensiones, encontraremos que cada espacio de tiempo que transcurre en nuestro mundo está presente en el plano de la inmortalidad con su antes y su después.

Tal vez pueda ser ilustrativo el imaginarse que en el interior de una casa se encuentran la señora inmortalidad y el señor tiempo y desean ver que hay afuera. Al señor tiempo se le permite mirar a través de una pequeñísima ventana en la pared desde donde solo ve un espacio de paisaje muy reducido, mientras que a la señora inmortalidad se le permite ver el exterior desde una terraza sobre la casa en donde puede ver la totalidad del paisaje.

Cada instante en un plano de inmortalidad se corresponde con siglos o milenios de nuestro tiempo. Estas correspondencias o equivalencias de tiempo entre ambos planos de existencia, podrían incluso ser calculadas numéricamente si fuese posible establecer una distancia física mensurable entre nuestro mundo material y ese nivel de energía en el que transcurre la inmortalidad utilizando para ello mi teoría de los segmentos de arco sobre un ángulo o Teoría de los Círculos, mencionada anteriormente en este trabajo, que se expone en detalle a continuación.

La que he llamado Teoría de los Círculos, la he elaborado para explicar esta correlación entre tiempo e inmortalidad, que por su lógica simplicidad puede ser fácilmente entendida por cualquiera ajeno a cualquier tipo de cálculo, solamente tiene que trazar dos círculos concéntricos, el primero de ellos digamos de dos o tres milímetros de diámetro, cuyo perímetro representará el mundo de tres dimensiones o mundo del tiempo, y el otro, por ejemplo de 360 milímetros de diámetro, representará en su perímetro el ámbito de la inmortalidad. Partiendo ahora del centro común y cruzando el perímetro del pequeño círculo del tiempo, se traza un radio hasta el perímetro del círculo mayor o de la inmortalidad, a continuación trazamos un segundo radio a una distancia por ejemplo de 45° del radio anterior, ello acotará dos segmentos de perímetro, uno en cada círculo, en donde la extensión de cada segmento mostrará una equivalencia de tiempo presente entre ambos mundos.

El mas pequeño movimiento en el círculo del tiempo representará un espacio inmensamente mayor de tiempo presente en el círculo grande externo o de inmortalidad, la diferencia de extensión entre ambos segmentos representa la parte del tiempo presente en el ámbito de la inmortalidad todavía por transcurrir en el mundo del tiempo, en donde aun es futuro, pero ya accesible como presente en el plano de la inmortalidad. El espacio de tiempo estará, por supuesto, representado como dijimos por la extensión de cada segmento y no en grados que serian los mismos.

Si aplicamos valores a las distancias y asumimos por ejemplo que cada décima de milímetro de perímetro pueda ser un año, nos encontraremos que simplemente en una distancia tan ínfima como la tomada en el ejemplo, un espacio de un milímetro o 10 años en nuestro mundo mostrarían en la inmortalidad un espacio de tiempo aproximadamente de ciento cuarenta años. El mismo ejemplo llevado a una distancia real entre ambos mundos podría darnos equivalencias de un instante a miles de años.

Naturalmente, esta es una representación que pretende mostrar desde un punto vista lógico como nuestro futuro puede ser conocido con anticipación en otro ámbito del Universo, ya que nada nos asegura que se pueda establecer una distancia física entre un plano material y un plano de energía.

Acabamos de ver como toda una era en la tierra puede estar presente en la inmortalidad en un mismo momento y esa es la razón de profecías como las de Nostradamus, o yendo más lejos un San Nilo del siglo V, hace mil quinientos años, quien aparentemente hizo profecías para cumplirse en nuestro tiempo, "después del 1900", cuyo contenido es impresionante. Ya hemos visto así, como puede darse el fenómeno de la premonición pero es igual de importante el determinar su grado de fatalismo o factibilidad de cumplimiento.

Cuando se produce una premonición ¿Se cumplirá irremediablemente? No, como ya empezamos a esbozar anteriormente en este trabajo, cualquier evento que se vaticine a futuro tendrá una tendencia natural a su cumplimiento, pero solamente si todas las circunstancias preconcebidas permanecen inalteradas. Vamos a tratar de usar algún ejemplo como medio más ilustrativo.

Partiendo de que en el plano de la inmortalidad se pueda observar la secuencia lógica de actuación de una o más personas en nuestro mundo y de que dicha actuación o comportamiento presuponga un desenlace lógico determinado, cuando ese desenlace sea el producto de una actuación colectiva, digamos por ejemplo un país, lo normal es que efectivamente se produzca, ya que una tendencia colectiva es menos factible que se modifique.

Cuando la premonición se refiera a una persona específica existen más probabilidades de que el desenlace pueda ser diferente si esa persona cambia su modo de actuación, lo que puede ocurrir cuando por si misma o debido a la intervención de terceros que sugieran otras formas de actuación reconsidere su comportamiento habitual, de ser así, la premonición no se cumpliría debido a la libertad de actuación de que estamos dotados.

Entonces ¿Por qué puede fallar el profeta en su predicción? Simplemente porque tuvo acceso a ver en su mente una parte del futuro *mostrando la tendencia lógica* de una determinada actuación, pero no tuvo acceso a ver el resto del suceso en el que se produjo un cambio de esa actuación.

Capítulo **19**

El sueño y los sueños

El sueño es un estado absolutamente necesario para el organismo del ser humano, El hombre dedica al sueño aproximadamente casi un tercio de su vida.

El sueño es un estado reparador que compensa el desgaste que se produce en el organismo durante el tiempo de vigilia. Es como una especie de batería o fuente de energía que se va descargando mientras estamos despiertos y se recarga durante el sueño.

El sueño es más que eso, pero de él solo se conocen sus aspectos funcionales, como se origina el sueño, por que se producen los sueños y cual es su significado, no se sabe.

El sueño y los sueños han sido, y son, objeto de infinidad de estudios y controversias. También de charlatanería.

Los sueños se producen cuando al adormecerse la persona entra en estado R.E.M. (Rapid Eye Movement) caracterizado por un movimiento rápido de los ojos y aunque la mayoría de las personas solo recuerdan sus sueños ocasionalmente, todas las personas sueñan en varios espacios de tiempo durante la noche.

A lo largo de la noche y fuera del estado R.E.M. también se pueden tener otros sueños menos vívidos y relevantes, al igual que los que se denominan sueños lucidos sobre los que el sujeto puede tener más control, estos pueden llegar a producirse en cualquier momento y pueden entrar en la clase de los ensueños.

El paso del estado de vigilia al sueño puede transcurrir, a veces, inadvertidamente para el sujeto, otras puede producirse bajo una sensación de caída que sobresalta por un momento al durmiente hasta que enseguida se duerme efectivamente.

Los sueños se producen con independencia de la voluntad del individuo y son tan importantes que de acuerdo con los estudios efectuados por varios científicos, si a una persona se la priva reiteradamente de la posibilidad de soñar su organismo sufre tal alteración que puede producirle resultados fatales.

Los sueños son una forma de comunicación de la mente del hombre con su subconsciente. Han sido objeto de la curiosidad de los hombres, sin duda, desde que estos están sobre la tierra, Hay testimonios de varios milenios antes de Jesucristo relativos a los sueños mostrando que trataron de interpretarlos.

Procedentes de Mesopotamia se encontraron ladrillos con escritura cuneiforme ocupándose de los sueños. Es conocido en Egipto el famoso sueño de Putifar que interpretó el personaje bíblico José y en la propia Biblia se hacen varias otras alusiones a los sueños, para seguir su rastro después en las civilizaciones Griega y Romana en donde se utilizaron los sueños como un oráculo para profetizar acontecimientos futuros.

Cual es el contenido de los sueños es otro tema interesante de análisis. El sujeto percibe durante el sueño tal como si estuviera viviéndolas realmente, todo tipo de imágenes relativas a las situaciones más diversas: en sueños se pueden llevar a cabo de la forma mas vivida actos que en estado de vigilia serian irrealizables: como volar sin necesidad de alas, viajar como si fuéramos teletransportados, experimentar situaciones propias de ciencia ficción, vivir de nuevo con todos sus matices experiencias lejanas de nuestra vida que ya estaban completamente aletargadas en nuestro recuerdo; en fin, cualquier cosa que pueda ser imaginable porque los sueños pueden ser terroríficos, agradables, o simplemente neutros como una escena corriente de la vida en la que se mezclan personajes diversos, unos conocidos y otros no, pueden ser eróticos, tristes, o toda una aventura con situaciones que en estado de vigilia ni habríamos imaginado.

No se sabe a ciencia cierta como se produce el estado de somnolencia y en consecuencia el sueño, pero por supuesto hay diversas suposiciones o teorías. Se ha considerado que la concentración mental orientada al deseo de dormir puede llegar a producir el sueño; personalmente, no comparto completamente esa idea, es cierto que si una persona es efectivamente capaz de autosugestionarse ello podría funcionar, pero en mi opinión cualquier teoría debe esbozarse para la generalidad y las personas que tengan la capacidad de concentración suficiente como para autosugestionarse es una minoría. Por el contrario lo usual es que las preocupaciones de una u otra índole que generalmente nunca faltan al individuo ocupen su mente y le impidan conciliar el sueño.

Analizando este aspecto he llegado a la conclusión de que hay diversos factores que pueden contribuir a inducir el sueño: en primer lugar, desde luego, la falta del mismo, es decir, si una persona lleva, por alguna circunstancia, mucho tiempo sin dormir, no hay duda de que por propio requerimiento de su organismo se dormirá fácilmente. Otro factor que puede inducir el sueño es la reiteración de algo que resulte tedioso y falto de interés para una persona unido a una presencia visual luminosa y uniforme o también el cansancio visual producido por la lectura. Otro motivo para dormirse es una especie de narcosis producida por los alimentos. Después de una comida suele haber una tendencia a adormecerse, esto le ocurre a la mayoría de las personas.

No es objeto de este trabajo, entrar aquí a comentar en modo alguno la interpretación de los sueños, sobre ello hay en todas partes abundante literatura de la cual muy poca aprovechable. Nos limitaremos a decir, que cuando se dice que soñar específicamente con algo tiene un determinado significado, dicho simplemente así, no tiene ningún sentido, porque el análisis de un sueño comporta no solo saber lo que se soñó sino también en que situación y cuales son las circunstancias de la persona que lo soñó, ya que todo ello afectara al posible significado, cuando tiene alguno.

Entre los sueños cuyo estudio despierta más interés, hay que mencionar los sueños premonitorios que tienen ocasionalmente algunas personas, cuyo significado encuentra tal vez alguna explicación en los comentarios de este libro sobre la relación pasado-presente-futuro. Si alguien manifiesta el contenido de un sueño referido a un momento futuro y se produce tal situación, prescindiendo que haya sido anunciado en un sueño, lo parte relevante del hecho es ¿Cómo pudo esa persona anticipar el futuro? Estos sueños premonitorios fueron considerados en la antigüedad, como hemos dicho, avisos de los dioses a los hombres, una forma de oráculos.

Sigmund Freud revoluciono la interpretación y significado de los sueños con una teoría que en todo caso comparto solo en parte y que casi desde su misma época fue controvertida entre los científicos del ramo, sin que ello obste para reconocer su merito en otros aspectos.

No ha faltado quien en ese intento de descifrar el misterio de los sueños, ha llegado a considerar que el mundo de los sueños es nuestro verdadero mundo real del que nos encontramos alejados, y que este mundo en el que vivimos es por el contrario una especie de mundo virtual en el que estamos transitoriamente durante lo que llamamos nuestro estado de vigilia. Toda teoría es bien recibida porque representa por lo menos un esfuerzo mental para resolver algo, pero personalmente encuentro que esta carece de base porque si analizamos el carácter de los sueños, encontraremos que muestran un gran conjunto de situaciones diversas, la mayor parte de las veces sin conexión de ninguna clase, nada que muestre una posible segunda vida integrada por una interacción de hechos.

Para los efectos de este trabajo, la importancia que considero debe serle asignada a los sueños es la posible relación entre ellos y nuestro subconsciente, pues parecen ser, aunque cerrada, la única puerta, que se nos muestra, de acceso a un mundo extrasensorial, solo falta descubrir la forma de abrirla.

Capítulo **20**

Dios

Si crees que existe un Dios y consideras que Él es el Bien, el Ser Supremo en el Universo, fuente de amor, esencia de la justicia, de la bondad y suma perfección, acercarse a su seno debe constituirse en el propósito de vida de cualquier ser por lo que es importante entender el significado de Dios. Todo ser viviente en cualquier parte del Universo que haya sido dotado de una porción espiritual procede de Él.

Solo hay un Dios, un ser omnipotente pero igual para todos los seres en el Universo, no es el Dios de ninguna de las religiones que han existido, existen o puedan existir en cualquier mundo. ¡Es Dios!, el mismo Dios de todos los seres.

Dios es simplemente El Bien. No tiene nombre, no tiene apariencia, es único, no tiene otra familia que todos seres del Universo dotados de una porción espiritual, ya que de El procede la energía que la anima. Cuando se piensa en el Ser Supremo que rige el Universo se está pensando en El. Dios no necesita esa permanente adoración que exigen las religiones, lo que si es necesario para los seres es cumplir con el gran precepto que rige el Universo, tan simple y breve como justo y bueno, el cual analizaremos más adelante.

Dios no tiene forma, es energía pura, más poderosa que cualquier otra que pueda existir, inconcebible para la comprensión de los seres fuera de su Mundo.

Dios es el Bien. Es armonía, es la comprensión perfecta, la esencia de la justicia y del amor.

El concepto de Dios sobrepasa el entendimiento humano, lo que pasó, pasa o pasará esta presente en Él en el marco de la lógica universal y de la libertad de los seres. No tiene principio ni tiene fin. Es el primer y el último maestro.

El concepto de Dios esta en la mente de todos los seres si su atracción por lo material no le distorsiona ese conocimiento natural o si su espíritu, por su pasada trayectoria, está ya dominado por una tendencia hacia el Mal.

Dios no castiga, son los hombres los que se acercan al Bien o al Mal con sus actos que les hacen acreedores a gran felicidad o a terrible sufrimiento. Ese sufrimiento no es externo sino una insoportable y aterradora angustia interior del ser.

La esencia de cada persona, la energía que la anima, procede del Bien. Los seres son por tanto parte del Bien. Cuando alguien hace algo contra el Bien es como si su mano se revelase contra él mismo.

Todos los seres están en permanente relación con Dios, no necesitan intermediarios, basta que en su mente se dirijan a El y siempre son oídos si lo hacen conscientes del significado del Ser Supremo y del respeto que le es debido.

A veces los seres se sorprenden o hasta se indignan por lo que le ocurre a otros seres o a ellos mismos y es porque no están conscientes de su trayectoria como seres universales ni entienden el significado de su relación con Dios y las razones de cada circunstancia, la cual tiene efectivamente que ver con su trayectoria anterior como ente universal.

Las personas se dirigen a Dios, o a cualquiera de tantos seres que les proporciona su religión para hacerle peticiones, si estas favorecen la evolución de su ser suelen ser atendidas por los entes protectores.

Los seres humanos, pasan por el mundo en una especie de viaje que tiene un comienzo y un fin, el antes y el después está bloqueado para la mente humana.

Los seres solo tienen consciencia de su vida presente, pero se desconocen a si mismos y no entienden las razones de lo que le ocurre a ellos o a sus semejantes, pero siempre las hay, la casualidad no existe, todo está previsto.

A través del tiempo, especialmente en momentos críticos para la humanidad, algunos hombres fueron objeto de revelaciones, se les permitió ver, oír o sentir lo que no estaba permitido a los demás para que actuaran de emisarios del Bien. Algunos de estos seres alzaron su voz para clamar contra la maldad o denunciar a los que atentaban contra el Bien y los mandatos universales. La mayoría de ellos fueron exterminados o confinados en mazmorras para acallar su voz confirmando la maldad contra la que clamaban.

Quienes cometen actos malvados contra sus semejantes se alejan del Bien proporcionalmente a la maldad de sus actos al igual que ocurre si atentan contra ellos mismos.

Hay que entender que el alma de cada persona y la energía que la anima proceden del

Bien y que los seres son parte de un todo al que deben regresar.

Cuando un ser se deja arrastrar hacia el Mal y se entrega al espejismo de lo material, su porción de espíritu se contamina y acaba bloqueada, sin embargo aun en el mayor abandono al Mal, su chispa de energía espiritual permanece latente y un buen esfuerzo personal puede reactivarla y erradicar su maldad. Es como una semilla que no puede germinar por condiciones adversas, pero si estas cambian aunque haya pasado mucho tiempo germinará y dará fruto.

El hombre, acostumbrado a la intermediación de los representantes de las diversas religiones se siente confuso sobre si para dirigirse a Dios necesita utilizar para ello a quienes manifiestan ser sus intermediarios. Si aceptamos, como es lógico, que hay un Ser Supremo único en el Universo, es fácil deducir que no puede ser apropiado por ningún ser, grupo de seres u organización religiosa condenando a los demás a la privación eterna del Bien.

Es normal que los hombres se sientan insignificantes para ser oídos por el Bien porque están habituados al trato de los hombres en este mundo en el que unos detentan el poder y establecen las normas, y los demás, de alguna forma, se someten o son sometidos a ellos, aunque el ejercicio del poder se haya sofisticado hasta el punto de lograr que los ciudadanos estén convencidos de que son ellos los que deciden en sistemas de igualdad en los que es evidente para cualquiera, que algunos ciudadanos no son tan iguales como los demás, ni reciben el mismo trato.

El ser humano debe alejar de su mente cualquier idea que le haga pensar que su espíritu pueda ser sometido de alguna otra forma, más que por la consciente reiteración de actos dedicados al Mal por parte del propio ser. Solo el cuerpo y la voluntad consciente pueden ser sometidos, sumisión que solo existe en razón de la injusticia o de la propia debilidad y falta de voluntad de cada individuo y nada tiene que ver con el Bien que es la esencia de la justicia.

La relación hombre-Dios, hombre-Bien, existe por si misma porque somos una emanación del Mundo del Bien y solo nosotros con nuestras acciones podremos retornar a ese Mundo o alejarnos de el. Nuestras súplicas y requerimientos son oídos por El Bien y este los atiende si favorecen nuestra evolución. No hacen falta intermediarios, nada califica a un hombre para arrogarse la representación de Dios, solo la ignorancia, la necesidad de apoyarse en una creencia, el fanatismo o la fuerza, pueden llevar a los hombres a aceptar esa supuesta representación.

Sabemos que *Dios es la esencia de la energía pura que mantiene todo el Universo, es principio y fin de todo lo que existe. Cada ser que puebla el Universo contiene una porción de energía emanada de Él que deberá volver a Él para fortalecer el Mundo del Bien.*

No es posible para un ser humano mostrar la apariencia de Dios porque no la tiene para la mente de los hombres. Leemos en el Génesis: "*Hagamos al hombre a nuestra imagen y semejanza....y creó Dios al hombre a imagen suya, a imagen de Dios lo creó y los creó macho y hembra*" (Génesis 1.26, 27). Resulta absurdo imaginarse a Dios como si fuera el vecino de la casa de al lado. La única interpretación que se le puede dar a este fragmento del Génesis, cuya procedencia es solamente humana, es entendiendo la semejanza a la que alude como referida únicamente al alma o porción de energía de nuestra esencia y nunca a una apariencia física.

La esencia de todos los seres que pueblan el Universo es energía emanada del Bien. El Mal es simplemente su antítesis, es la negación del Bien, es energía negativa que intenta contraponerse y bloquear al Bien. No hay que pensar en seres o lugares terribles, la privación del Bien y la imposibilidad de acceder a él por el grado de contaminación de la energía que anime a un ser como producto de sus acciones, es de por si insoportable para cualquiera.

La negación del Bien representa un terrible dolor para los seres que se han entregado al Mal cuando después de la muerte del cuerpo su espíritu regresa a la inmortalidad, donde su comportamiento es evaluado, entonces tendrán consciencia de sus errores y deberán resarcir lo que no hayan resarcido para mantener el equilibrio universal. Impregnados de materia no logran evadir su influencia y anhelan otra oportunidad para redimirse. La magnitud de ese dolor y sufrimiento está por encima de la imaginación de los seres vivos.

La acumulación de la energía negativa de todos los que dejaron que sus actos los arrastraran hacia el Mal, llega a ser también una energía muy poderosa que debe ser observada con respeto. Volvemos a insistir, debemos alejarnos de todo lo que tenga que ver con el Mal en cualquiera de sus formas o de cualquier acto que pueda inducirnos a actuar a favor del Mal, entendiendo que lo que va contra el Bien va a favor del Mal.

Los mandatos de Dios hacia todos los seres del Universo son los mismos, en Dios no existen distinciones entre los seres más que por el grado de pureza de la porción de energía que forma su espíritu.

Seres de energía pura cuidan de los humanos que desean alcanzar el Bien

Todo lo que hay que hacer para comunicarse con el Mundo del Bien, es dirigirse a Él como se haría con un semejante, ni siquiera se necesita hablar, basta hacerlo con el pensamiento, no importa que no se oiga a nadie que conteste, se está siendo oído y se notará. Muchos seres humanos en su sencillez, hacen peticiones destinadas a fomentar su bienestar material que no merecen ser Fonsideradas.

Capítulo 21

La Religión

A pesar de que en el Universo solo hay un Dios que personifica El Bien, las religiones fueron predicadas a través de los tiempos en nombre de uno o más dioses la mayoría de ellos diferentes entre si.

Generalmente, salvo excepciones que las hay, quienes dieron origen a las religiones fueron seres de buenos sentimientos que trataron de evitar las abundantes injusticias y detener de alguna forma el progreso del Mal, predicaron el amor entre los hombres y mostraron formas correctas de comportamiento destinadas a la buena convivencia en este mundo y a resguardar la pureza del alma para el otro, pero lo que es seguro es que no pretendieron industrializar el amor a Dios, eso fue obra de sus seguidores que utilizaron como estandarte la imagen del fundador y sin ningún fundamento se arrogaron la representación de Dios.

Aprovechando la circunstancia de que el hombre temeroso de lo desconocido, vio siempre la muerte con terror. Las religiones le ofrecieron una continuidad después de la muerte con premios y castigos, en la forma que cada una consideró más conveniente, de acuerdo con las características de la etnia a la que originalmente fue dirigida.

A los fieles que cumplieran los preceptos dogmáticos, se le prometía una nueva vida feliz en un mundo paradisíaco, en alguna religión incluso colmado de placeres materiales; los infractores o incrédulos sufrirían en cambio por toda una eternidad los más terribles tormentos en avernos indescriptibles. Solo la ignorancia o la fuerza pudieron hacer que se aceptaran tales afirmaciones.

Cada una de las religiones y sectas que abundan en este mundo pretenden tener la representación exclusiva de Dios, pero no es así, pues de serlo tendríamos tantos dioses como religiones. La razón de ser de todas esas instituciones es fácilmente deducible para cualquiera que razone normalmente.

Si Dios es la esencia de la armonía, de la justicia y del amor, no puede ser al mismo tiempo el mas terrible de los jueces, un Dios que siendo fuente y esencia del amor, castiga a los que no cumplen los preceptos de una religión abandonándolos en un lugar donde unos seres malignos los torturarán por toda la eternidad, o si acaso fueron menos malos permanecerán también por toda la eternidad purgando sus pecados en algún espacio tan indefinido como sus castigos.

Algunas religiones justifican tal castigo basándose en que una ofensa a un ser infinito amerita un castigo igualmente infinito, un razonamiento para personas sencillas que aceptan con fe el dogma sin otro análisis, sin pensar que quienes le imponen ese conocimiento son personas iguales a ellas, o peores, porque tienen la soberbia y el descaro de arrogarse la representación de Dios, lo cual es absurdo, sin mencionar su propio comportamiento y forma de vida, que muchas veces no es el mejor ejemplo.

La religión le es útil a quienes viven de ella y a aquellos que sin entrar en razonamientos, con voluntad débil y también con un cierto grado de ignorancia, se apoyan en las creencias que les imparten aceptándolas como buenas, las cuales aunque no traigan la claridad a su ser, les ayudan a vivir mas tranquilos y confiados porque, en todo caso, creen tener la justificación de poder decir que actuaron mal porque fueron engañados, aunque ello no les sirva de eximente. Es común también que personas que presumieron durante su vida de no creer en nada, al final de ella sienten el temor de la proximidad de la muerte y se convierten, "por si acaso" en creyentes fervientes.

No hay razón para que el profesar una religión tenga que hacerle daño a nadie salvo que sus ministros o sacerdotes instiguen al crimen, lo cual no es usual, y cuando así ocurre, solo alguien de muy reducida capacidad mental puede aceptarlo, porque cualquiera que razone normalmente tiene que entender que Dios que es El Bien, no puede incitar al Mal y el atentar contra la vida de un semejante que posiblemente ni conoce no le supondrá ningún premio sino un terrible castigo después de su muerte si logra burlar la ley de este mundo.

La diversidad de tendencias que se pueden encontrar entre los hombres se observan igualmente, entre los representantes de las religiones, de entre estos, los extremistas o fundamentalistas, es decir, aquellos a quienes su mente no le permite llegar mas allá de una interpretación absolutamente literal de un dogma que si bien pudo tener una justificación pragmática hace muchos siglos o milenios, carece hoy de sentido, hacen daño tanto a su propia religión como a la sociedad en general, su obsesión no es devoción es fanatismo.

Si deseas practicar una religión, no importa la que sea, ello no hará daño a tu espíritu, lo que si lo dañará será tu comportamiento, ese es el que debes cuidar, ya que no te ayudará en nada alegar que fuiste engañado.

Capítulo **22**

La Muerte

El ser humano siempre se ha sentido temeroso de lo que no puede entender. La mayoría de las personas se hacen preguntas relativas a su existencia que no pueden contestar, pero son muy pocos en proporción a la población los que sienten la inquietud de investigar al respecto, la mayor parte simplemente pasa por alto tales preguntas para prestar atención a cosas mas tangibles como la complacencia del cuerpo.

Hay algo, sin embargo que nadie puede obviar ni pasar por alto: ¡la muerte! que por de pronto representa el fin de la vida conocida, es por eso que a través de toda su existencia sobre la tierra el ser humano ha vivido obsesionado con la idea de la muerte, temeroso de la incertidumbre de su destino, sin que nadie haya podido darle una certeza sobre su verdadero significado.

La muerte es simplemente la interrupción definitiva de la unión transitoria entre cuerpo y alma, la cual puede ser originada por cualquiera de las dos partes ya sea el alma o el cuerpo.

Efectivamente, si el cuerpo sufre un accidente fatal el alma se queda sin soporte material y retorna a otro nivel, del mismo modo si el espíritu que constituye esa alma necesita regresar a su nivel también abandonara el cuerpo de alguna forma, ocasionando la muerte de este y su propia liberación.

¿Se debe temer a la muerte? No, no hay motivo para ello ya que es el retorno del espíritu a su sede natural. Si durante su estancia en el mundo el comportamiento del ser ha sido correcto, al regresar habrá avanzado en su evolución, es como el regreso de un viaje de trabajo en el que todo salio lo mejor posible. Sin embargo, si el comportamiento no estuvo acorde con la Ley Universal si puede temer, porque sufrirá en la medida de la desviación de sus actos para mantener el equilibrio que siempre debe existir en el Universo.

En realidad ¿Morimos o no morimos? No morimos! veamos: ¿Que es el cuerpo sin el alma o espíritu? Nada, una porción de materia orgánica que se descompone y desaparece, en cambio el espíritu continúa su existencia en otro nivel. Cuando hablamos de un hombre, de un ser humano ¿a que nos estamos refiriendo, al cuerpo, al espíritu o a ambos? Sin duda ninguna mientras el hombre esta en este mundo nos tenemos que referir a ambos, pero cuando se produce la muerte lo único que muere es el cuerpo mientras que el espíritu regresa a su nivel de seres, si acaso vuelve a regresar volverá a irse de nuevo, porque no es esta, sino aquella, su sede natural.

Cuando el hombre considera su existencia, a quien esta considerando es a su alma, pero aun así siente una gran inquietud porque no tiene certeza alguna de cual es la realidad, aunque los indicios de toda clase son numerosos y actualmente las experiencias NDE (near death experience) son también tantas que es difícil no tenerlas en cuenta, máxime cuando algunas incluyen comentarios todavía a producirse en el futuro o circunstancias clínicas inexplicables.

Recientemente alguien me preguntaba mi opinión sobre si encontraría a sus familiares al cruzar al otro lado, hay infinidad de experiencias NDE que relatan encuentros con familiares y hasta con familiares que aun van a nacer, sin embargo esos encuentros dependen un poco de cuanto tiempo hace que han dejado este mundo, porque algunos pueden haber pasado a otros niveles o regresado al mundo a una nueva vida. De cualquier modo la posibilidad es muy factible por la diferencia en el transcurso del tiempo entre este mundo y ese otro nivel, sobre lo que ya se comentó en capítulos anteriores.

Cualquier persona de recto proceder no tiene porque estar temerosa de la muerte, es como cruzar una puerta que nos lleva a otra dimensión mucho más amigable que esta.

Opciones de evolución

Capítulo 23

El Precepto rector del Universo

Los hombres forman parte de un Universo que es una muestra de perfección. La continuidad y funcionamiento armónico del universo esta asegurada por dos cosas: primero, el principio de energía que mantiene su equilibrio y segundo, la contribución de todos los seres que pueblan un mundo en cumplir una norma universal que es la esencia de cualquier otra norma que pueda existir en una comunidad de seres.

Esta norma universal, es simplemente un único precepto, el cual aunque se compone solamente de dos palabras, su importancia y transcendencia es tan grande que por si solo puede mantener la armonía del universo, porque representa la naturaleza de la esencia de Dios.

Este simple precepto constituye el elemento regulador de todo el Universo, aplicable a cualquier ser que en él exista o pueda existir; es la esencia del Derecho Natural, es el fundamento de cualquier otra norma legal que este basada en la equidad, porque es el elemento rector que las inspira. Este precepto esta previsto para regular el comportamiento entre los seres y constituye por si mismo la base de los Principios Generales del Derecho.

Este es el precepto universal:

¡Se justo!

Esto tan simple y breve que cualquiera considerará la cosa más natural del mundo, es suficiente para mantener la pureza de nuestro espíritu y cumplir con nuestro deber en la vida; sin embargo en cada instante de nuestra vida millones de personas en el mundo atentan contra la justicia en cualquiera de sus aspectos o contra todos a la vez.

Todos los mandatos de cualquier religión están recogidos en ese principio. Es una sola y única norma y sin embargo los seres la violan, la incumplen permanentemente. Esa tendencia de tantos humanos a ir contra lo justo y lo bueno, muestra el poder del Mal, y la razón de que haya que verlo con respeto y alejarse de todo lo que tenga que ver con Él.

El ser humano está capacitado para luchar contra el Mal, pero no cualquier ser humano. La pureza de la energía que anima al ser es la que le dará fuerza para oponerse al Mal, pero si el espíritu de un hombre esta muy contaminado por la materia, le será muy difícil vencerle, y en este caso no debe enfrentarse al Mal sino alejarse de él e intentar fortalecer su espíritu a través de un buen comportamiento.

El cumplimiento de este principio en el vivir de cada día, amerita algunas consideraciones que ayuden a su entendimiento atendiendo a los diversos aspectos que puede presentar.

Con respecto a nuestros semejantes:

El hombre justo, ama, respeta y ayuda a sus semejantes; no les hace ni desea daño con sus palabras o acciones, ni siquiera con su pensamiento; no toma sin su libre consentimiento lo que les pertenezca; no obliga a nadie a actuar contra su deseo.

Quien es justo perdona las ofensas o daños que recibe aunque deben serle resarcidos como de hecho lo serán pues ya sea ahora o después el infractor será castigado a resarcir el daño causado de acuerdo con su intención al causarlo, mas las eventuales consecuencias del mismo.

Es por eso que el primer sentimiento que debe inspirar quien haya hecho un daño es lastima, piedad; debes compadecerle porque es un ser sometido a su propia esclavitud de la que es incapaz de librarse, aunque diga lo contrario, la verdad es que es incapaz de dominar su voluntad que está sometida a sus pasiones y a sus vicios como si estuviera encadenada a ellos y de lo que si está consciente es de su incapacidad de luchar, de imponer su voluntad contra el mal o contra las actuaciones que puedan dañar a otros o a el mismo. Pero el perdón que uno o mas ofendidos puedan concederle no implica que el ofensor no deba resarcir y ser castigado como ejemplo para los demás pues de otro modo su forma de actuación proliferaría.

No apropiarse de lo que no te pertenezca significa que no se debe tomar nada ajeno tenga el valor que tenga por ínfimo que este sea, simplemente porque no es algo tuyo.

Ninguna razón te autoriza a apropiarte de lo que no es tuyo. En la escala de valores de los seres humanos, el último escalón corresponde a quienes atenten contra la vida de un semejante o contra la integridad física o moral de las personas en la forma que sea.

El que mate a un ser no será perdonado, no importa el arrepentimiento, el castigo será terrible, y el siguiente lugar le corresponde a los ladrones, el ladrón es un ser que por el solo hecho de apropiarse de algo que pertenece a otro, no importa lo insignificante que pueda ser el valor, se esta declarando como un ser insignificante, un ser humano inferior incapaz de competir honestamente con sus semejantes. El grado de culpa de un ladrón necesita un análisis particular en cada caso.

Cada ser debe amar a sus semejantes y tener con ellos, sin distinción, los mismos buenos deseos que tenga hacia si mismo. No debe tener malos sentimientos hacia ellos y debe evitar cualquier sentimiento de rencor, deseo de venganza o ira. No hablará falsamente de sus semejantes y evitará escandalizarlos con actos o palabras. No se mostrará soberbio por sus dones ni envidioso de los ajenos.

Ayudará a sus semejantes si le es posible y ellos lo solicitan, ofrecer ayuda sin que haya sido pedida puede producir humillación. Si la necesidad que tiene esa persona es notoria, puede brindársele ayuda indirectamente sin que parezca tal. No se debe presumir ante ella o ante otros de la buena acción, ello convertiría ese acto bueno en una muestra de vanidad y soberbia que en vez de beneficiar perjudicará al que lo haga.

Con respecto al Bien:

No se menciona expresamente al Bien en este precepto por cuanto el Bien no necesita alabanzas. Quien cumple con este precepto esta mostrando su amor y solidaridad por Él porque la justicia encierra en si misma todos los valores necesarios para la convivencia entre los seres y para el fortalecimiento de la armonía universal.

Ser justo supone de por si respeto por el Ser Supremo, por el Bien, hacia el que siempre se sentirá amor y deberá respetarse y reverenciarse tanto en las palabras como en los pensamientos.

Identifícate con el Bien y piensa en el en cada momento de tu vida. Cumple su norma de comportamiento para mostrarle tu adhesión y preservar tu futuro.

Con respecto a si mismo:

Además de cumplir con lo debido al Bien y a los semejantes, los seres humanos deben también cuidar de si mismos siendo razonables en el uso y consumo de todo lo material que les rodea evitando el abuso.

El comportamiento justo con todo el significado que conlleva es simple pero al mismo tiempo muy poderoso, es como un eje sobre el cual gira toda la armonía del Universo, porque es una expresión del amor que como sentimiento supremo debe existir entre los seres sea cual sea su procedencia.

Capítulo **24**

Sugestión y autosugestión

Los medios ejercen cada día cierta sugestión sobre las personas, induciéndolas con una publicidad bien dirigida a consumir o comprar toda clase de bienes de uso y consumo cuyas características y fiabilidad no es del caso comentar en este momento. Hasta las propias personas con las que tengan contacto pueden sugerirle adoptar ciertas actitudes, usar determinados productos o incluso el consumo de substancias nocivas o la realización actos reprobables o no. La persistencia de todas esas sugerencias a través de los sentidos y la insistencia de sus semejantes, acaban convenciendo a las personas de voluntad más frágil a hacer, consumir o comprar productos en los que en principio no hubieran tenido interés o hasta desconfiado.

Muchos se dejan llevar por estas insinuaciones sin pensar en sus consecuencias, o aun encontrándose renuentes interiormente no tienen la fuerza de voluntad o la personalidad suficiente para atreverse a rehusar por temor a un rechazo social de grupo. "Si hay tantos que lo hacen o consumen, no importa que yo lo haga", se dicen como justificación, o bien, "se reirán de mi y no me van a tratar mas si digo que no".

No hay que esforzarse mucho para poder oír a cada momento como infinidad de personas en total estado de adicción a algo, afirman que no pueden dejar de fumar, de tomar café, de consumir en forma exagerada estimulantes más o menos dañinos, alcohol u otros vicios o costumbres nocivas para el cuerpo que también afectarán al espíritu.

Es enorme la cantidad de personas que se sienten incapaces de hacer frente por si mismas a todas esas tendencias, algunas de ellas muestran su deseo de sobreponerse a dichos vicios buscando ayuda en psicólogos, organizaciones creadas para ese propósito o usando productos que les ayuden a vencer su hábito nocivo.

Hay dos clases de personas: guerreros y ovejas, los primeros luchan para defender su personalidad no aceptando nada contrario a sus convicciones; los segundos, aun siendo buenas personas posiblemente de buenos principios son incapaces de luchar para defender su forma natural de ser y aceptan aun contra sus deseos sugerencias inconvenientes. Estos seres pacíficos suelen ser victimas de otra gente que con o sin mala intención los introducen en costumbres indeseadas.

Esta claro que si una persona se abandona a ciertas tentaciones o imita la forma de actuar de gente relacionada con ella, es porque es incapaz de usar su voluntad contra las sugestiones de la publicidad o la insinuación insistente, con o sin chantaje social, de alguien.

Quien está consciente de que está entregado a un vicio que puede afectar su salud física o mental y desee abandonarlo, si no se siente capaz de imponer su voluntad, tiene la posibilidad de dejarlo utilizando el mismo medio que la introdujo en él, es decir, la sugestión, cualquiera puede utilizar la sugestión en su favor y hasta por si mismo.

Si el subconsciente reprimido por la mente consciente ha consolidado hábitos inconvenientes, será este, el subconsciente, la herramienta que permitirá liberar a la persona de su adición a un hábito apoyando los esfuerzos de voluntad de la mente consciente en tal sentido.

Para que el subconsciente llegue a respaldar el esfuerzo de la persona, yendo contra un hábito que le fue implantado, será preciso por de pronto, que esa persona esté completamente consciente y segura de que desea abandonar ese hábito adquirido para que se sienta con fuerza para luchar por su objetivo, porque en el proceso de abandonarlo, sentirá gran dificultad y un insoportable malestar interior tendiente a evitar que deje su adicción.

Cuando una persona inicia cualquier nueva acción para desarraigar un hábito, actúa de una manera consciente, interviene su mente en una manifestación de voluntad que pasa del consciente al subconsciente. Si la persona persiste lo suficiente, la repetición se convierte en hábito y queda ya bajo el dominio del subconsciente modificándolo, si no existe una circunstancia previa que haya logrado desarrollar una fobia contra esa acción en el subconsciente, este la adopta y se invierte el proceso lográndose el desarraigo de la adicción anterior, yendo ahora del subconsciente al consciente que la acepta y lleva a cabo de manera automática.

Así ocurre con la mayoría de los aprendizajes y las adicciones, cuando aprendemos a andar, o a conducir una bicicleta, al principio realizamos una actividad consciente que nos toma un tiempo dominar, pero su repetición hace que pase al dominio del subconsciente y se convierta en una de las actividades que realizamos como si estuviéramos programados para hacerlas, como si fueran parte de nosotros mismos.

No necesitamos ningún análisis previo de nuestro consciente para la actividad de caminar, lo hacemos automáticamente. Nuestro consciente interviene solo en aspectos relacionados, como puede ser el ver si hay un peligro cuando vamos a cruzar una calle.

Una vez que el subconsciente ha adoptado una nueva forma de actuación observada repetidamente en el consciente, la persona la ejecuta, como hemos dicho, de una manera casi automática, es decir, se convierte en un hábito ajeno a la voluntad y el individuo tiende a realizarlo como un autómata. Ello no quiere decir que desde el consciente la voluntad del individuo no pueda imponerse contra ese hábito que ella misma originó o propició, pero tal oposición representará una lucha con el subconsciente que necesitará una voluntad firme para lograrlo.

Es así que la forma de deshacer un hábito es actuando directamente sobre el subconsciente mostrándole la inconveniencia del hábito y tratando de instruirle para que lo abandone.

Una sugestión colectiva o personal, puede afectar a un individuo induciéndole a realizar una determinada actividad, y también por medio de la sugestión, se puede anular dicha inducción. Para desvirtuar un hábito, habrá que hacerlo a través de una sugestión directa al individuo realizada por otra persona, o bien ser lograda por la propia persona mediante autosugestión.

La autosugestión es la capacidad de una persona de impartir instrucciones a su propio subconsciente para un propósito determinado. En circunstancias normales el subconsciente analiza y acepta las sugerencias e instrucciones conscientes que no vayan contra su naturaleza y que no atenten contra la integridad del cuerpo físico, sin embargo cuando una actividad se ha convertido en un hábito para el subconsciente será necesaria una reiteración como la que hizo que esa adicción fuera aceptada y convertida en habito.

En principio la autosugestión no es algo que cualquier persona pueda lograr fácilmente por si misma, algunas personas podrán hacerlo, otras necesitarán mucho tiempo y habrá también algunas que no serán capaces de lograrlo por si mismas.

Utilizar la autosugestión para dominar la voluntad en un sentido determinado, no solo tendrá utilidad para el mencionado fin de abandonar un hábito perjudicial, sino también para muchas otras situaciones.

Hay abundante literatura en el mercado que puede guiar a quien tenga interés en profundizar en este sentido. Mostrar aquí como puede ser utilizada la sugestión o autosugestión, implicaría comentarios que se saldrían del propósito de este trabajo.

Capítulo 25

El camino de la perfección

Conocer el significado de la perfección es útil para cualquier ser, no importa cuales sean sus creencias o la religión que profese, ni tampoco que no sea creyente de ninguna.

La perfección puede er comparada como una gradación de luz en la que se parte de una total oscuridad que es la absoluta negación de la perfección, para llegar a un resplandor enceguecedor. Este resplandor es la Suma Perfección, es el Ser Supremo, es lo que la gente llama Dios.

Los seres están en distintos niveles de esa escala de perfección. Los que logran alcanzar la perfección total, terminan la trayectoria de su vida como entes universales, regresan a su origen y se integran a la energía pura del Mundo de Dios.

Los seres corporales, que se dejan arrastrar por la tendencia natural de su cuerpo, se abandonan a la ilusión de la materia y no ven otra cosa que lo que sus sentidos le muestran, detienen su evolución y continuaran sufriendo sin ser capaces de avanzar en su camino.

Si sientes inquietud a cerca de tu verdadero ser y deseas entender el significado de tu vida, pero estás perdido, confuso, lleno de preguntas sin respuesta, sin saber que hacer, pero estas decidido a hacer lo que sea necesario para descifrar el significado de tu verdadero ser, debes fortalecer tu voluntad porque la necesitarás para vencer los obstáculos que encontraras.

En la búsqueda de la perfección como en todos los proyectos debe haber una meta. En este caso el fin perseguido es la suma perfección, la liberación del sometimiento a lo material.

Hay dos partes a las que atender para avanzar en el camino de la perfección: Nuestro propio ser y los seres que nos rodean.

El cuidado del propio ser necesita lo siguiente: Estar conscientes en todo momento de que el propósito de nuestra vida es lograr regresar al Mundo de Dios y meditar sobre eso, cuidar nuestro cuerpo porque es la morada del alma, evitar malas inclinaciones y tendencias, trabajar para obtener lo necesario para la vida, aceptar con satisfacción lo que vayamos logrando con nuestro esfuerzo, sea mas o menos bueno y erradicar los deseos.

La atención a los seres que nos rodean supone: Consideración, comprensión, buen deseo y ausencia de envidia, codicia o avaricia.

Reverencia a Dios no por temor sino por amor, porque El es fuente de justicia, de amor y armonía.

El cuerpo es la sede de cada ser encarnado, que el alma utiliza para su propio progreso en el camino de la perfección. Si el cuerpo no se mantiene en buenas condiciones o se deja llevar en exceso por lo material entorpece la labor del alma y dificulta su evolución.

Para poder avanzar en el camino hacia la perfección es necesario no violar el precepto universal, alejarse del Mal y de todas las inclinaciones que tiendan hacia el. Hay que tener siempre presente el principio de la equidad, de la justicia y obrar en consecuencia.

No te dejes alejar del camino de la perfección por deseos incontrolados que además te producían infelicidad. Tu único deseo debe ser acercarte al Bien. Los bienes materiales no son malos en si mismos, pero no te dejes dominar obsesivamente por lo material, no vale nada.

Quien logre eliminar los deseos, y este satisfecho con lo que la vida le vaya dando a
cambio de su esfuerzo y no se mortificará
deseando cosas que no pueda alcanzar.

Quien trata a sus semejantes como si se
tratara de él mismo, actúa correctamente.

Para tratar bien a un semejante hay que ser
comprensivo, para poder ser comprensivo hay
que comunicarse, la comunicación significa
darle la oportunidad de explicarse o justificarse para estar seguro de no ser injusto.

Quien juzga a un semejante por las palabras
de otro actúa injustamente.

Los deseos hacia un semejante deben ser
buenos incluso si ha actuado mal. En ese
caso debe desearse, independientemente de
que será castigado por sus acciones, que
logre encontrar el camino correcto.

Quien envidia a un semejante actúa mal con
su semejante y consigo mismo.

Si codicias lo que tiene otro o tratas de
privarle de algo en beneficio propio por
avaricia. Te estarás haciendo mas daño del
que él recibirá.

Capítulo **26**

Meditación

Meditar es concentrarse en algo específico ignorando cualquier otra percepción de los sentidos.

Meditar es aislarse transitoriamente del mundo exterior para entrar en contacto con nuestro yo interior. Para lograr que la meditación sea efectiva, es necesario estar en capacidad de concentrarse en algo específico ignorando cualquier otra percepción que pueda surgir, de no ser así no estaríamos hablando de la misma cosa. Es común oír a alguien decir que está o estuvo meditando, pero generalmente no tiene nada que ver con la meditación, lo que está o estuvo es simplemente pensando.

La importancia de la meditación se extiende a varios aspectos, todos ellos beneficiosos para el ser humano. Por una parte incrementa el poder y dominio sobre la voluntad, hace posible la introspección u observación interior, es un medio para lograr trascender de la actividad sensorial para dar supremacía al subconsciente como expresión de nuestro verdadero yo, y además, debido al relajamiento corporal y a la disciplina de respiración necesaria, ayuda a mantener saludable el cuerpo.

En modo alguno se pretende presentar aquí un manual de meditación, solamente se harán, a titulo ilustrativo, algunos comentarios generales útiles para novicios.

La meditación, especialmente al principio, debe hacerse, a ser posible, cada día para poder lograr resultados satisfactorios. *La constancia es muy importante.*

Aunque no es tan difícil, al principio lo mas arduo es lograr concentrarse, para ello hay que tener un motivo de concentración el cual puede ser material o incluso imaginario; puede usarse un motivo visual como por ejemplo la llama de una vela que tiene un efecto hipnótico, pero para fijar la atención puede usarse cualquier cosa.

Otros estímulos pueden ser también de ayuda, como un aroma penetrante que resulte agradable, quemar incienso si el lugar es ventilado, una música suave, etc. Personalmente no considero necesarios estos estímulos, porque pueden inducir un adormecimiento y luego el sueño, lo cual es contraindicado.

Hay quien sugiere dejar la mente en blanco, pero el esfuerzo en esa dirección ocupara y distraerá la mente y el principiante intentando alejar sus pensamientos solo logrará que lleguen con mas abundancia. Lo importante es concentrar la mente en algo específico y lo que ayudara es la quietud; deben evitarse los ruidos porque intentando concentrarse el mínimo ruido se hará notorio y distraerá la atención.

No bloquear los pensamientos que lleguen a la mente, es mejor que pasen desapercibidos no prestándoles atención, como cuando una cámara fotográfica enfoca un objeto o figura y los otros quedan desenfocados o cuando estamos en un espectáculo atentos a la figura principal y casi no vemos el resto de los detalles de la escena.

Si tratamos de concentrar nuestra atención en algo y no prestar atención a ninguna otra cosa que aparezca en nuestra mente, pronto lo haremos automáticamente y sin esfuerzo.

Antes de comenzar a practicar la meditación hay que aprender a respirar adecuadamente. Debe practicarse una respiración diafragmática o abdominal, una respiración profunda que deberá hacerse lenta y rítmicamente aspirando por la nariz y espirando por la nariz o por la boca. Cuando se logre respirar espontáneamente de esa manera, se podrá notar como los pulmones apenas se mueven. Prescindiendo de la meditación, este tipo de respiración es siempre saludable.

Una adecuada forma de respiración producirá una relajación que facilitara la concentración interior y reducirá cualquier tensión que pudiera haber en el cuerpo, al tiempo que será saludable para el mismo. Quienes son expertos practicando yoga, suelen saber hacer un buen uso de la respiración.

Ahora describiremos brevemente los pasos a seguir que con la practica se harán casi automáticamente. Quienes tengan interés encontraran fácilmente más información tanto escrita como personal.

Primero: Escoge cada día un momento durante el cual puedas aislarte sin ser molestado por ningún ruido, en un ambiente tranquilo con luz suave y ropa cómoda que no apriete ni moleste.

Segundo: Adopta una posición en la que te sientas cómodo durante el tiempo dedicado a la meditación. Mantén la espalda recta, los músculos relajados y haz un repaso mental de todo el cuerpo desde los dedos de los pies hasta la cabeza hasta verificar que estás completamente relajado.

Tercero: Comienza a concentrarte, lo que se puede hacer de varias formas, yo prefiero con los ojos abiertos, fijando la vista en cualquier objeto, la llama de una vela, como se dijo, o el fuego de una chimenea lo harán más fácil. No hagas ningún análisis interno acerca de lo que estás haciendo. En este momento experimentaras una sensación agradable de quietud la cual puede producir somnolencia, esto debe evitarse.

Cuarto: Intentando controlar la imaginación, surgirán pensamientos dispersos que simplemente se ignoraran como si no existieran manteniendo concentrada la mente en el objeto escogido. Después de algún tiempo de meditación puedes dirigir la concentración a tu yo interior o puedes dirigir la mente a todo lo que has pensado y hecho ese día como si lo estuvieras viendo en una pantalla, el análisis debe ser objetivo de acuerdo con el significado de la justicia.

Practicar la meditación nos ayudara a estar conscientes de nuestra calidad de seres duales (cuerpo y espíritu). En el análisis de nuestros actos, durante la meditación, es nuestro yo interior el que debe evaluar la calidad de nuestras acciones y sugerir a nuestra mente consciente corregir los errores, así, los pensamientos deben expresarse como procedentes de nuestro yo interior como si otra persona nos estuviera hablando.

Para tener éxito en la introspección, es necesario estar consciente de que el trabajo podrá ser largo y para algunos lento en resultados, por tanto no hay que desanimarse. Después de lograr alguna fluencia en la meditación se puede dar un paso mas, se puede intentar transcender.

Transcender es pasar de un determinado estado a otro más relevante. Al efecto que nos ocupa transcender es darle relevancia a nuestro yo interior, a nuestra alma, en la actuación diaria, es como un renacer de nuestra mente a nuestro ser verdadero.

Una condición importante para trascender es la liberación de los deseos, o sea, la falta de interés por lo material

Cuando alguien logra transcender percibe todo de una manera diferente, porque lo hace a través de su subconsciente, de su ser interior y está por encima de las tentaciones materiales porque en lugar de vivir para su cuerpo comienza a vivir para su espíritu.

Ya hemos explicado con anterioridad cual es el significado de nuestro yo interior, de esa porción de energía que anima nuestro cuerpo, que ha existido antes que él y que continuará existiendo después. Si transcendemos de los sentidos, será nuestro ser espiritual quien comience a manifestarse y a guiarnos en nuestra vida diaria. Las percepciones de los sentidos pueden siempre inducir a error, y siendo los sentidos el único contacto que tiene la gante con el mundo que la rodea, la única alternativa es sustituir el análisis directo del mundo exterior por un análisis interno hecho por el subconsciente.

Para estar en capacidad de hacer un análisis desde el subconsciente es necesario activar la parte espiritual del ser humano, lo que puede lograrse a través de la meditación.

La rehabilitación del yo interior es un renacimiento, como un nuevo nacimiento, pero ahora a la vida espiritual, a nuestro verdadero ser universal.

Quien nunca haya hecho esfuerzo alguno para lograr el conocimiento de su verdadero ser, deberá comenzar paulatinamente, dedicándole un tiempo reducido que puede ir aumentando de acuerdo a como se vaya sintiendo.

A medida que se siga practicando la meditación interior el subconsciente irá haciéndose cargo del timón que orientará adecuadamente el rumbo de la vida. Una seguridad desconocida hasta entonces comenzará a sentirse, así como la capacidad para emitir juicios certeros y justos, porque en lugar de actuar en base a apreciaciones recibidas de los sentidos, se harán por medio del largo conocimiento adquirido como entes universales.

Por último, hay que estar conscientes de que la labor de introspección, está exclusivamente destinada a trascender, a lograr la evolución personal y no a brillar en este mundo. Una vez que el verdadero yo esté a cargo del control de tu vida, podrás con la ecuanimidad, objetividad y sentido de justicia de que estarás dotado, entender mejor a tus semejantes y contribuir a la evolución general, pero encaminada a fines justos y nobles, en los que no puede tener cabida la falsedad, el engaño, la mentira, la envidia, el rencor, la ira ni cualquier otro sentimiento ajeno a la equidad.

No hace falta decir que una proliferación de personas conscientes de su verdadero ser y que actúen de acuerdo con el precepto universal, llevaría a límites controlables el odio, la venganza, el terrible azote de la guerra y tal vez la paulatina destrucción del mundo que presenciamos cada día.

La meditación debe tener un efecto permanente, es decir, cada paso que se vaya dando representará un camino andado en el que no se debe retroceder.

La meditación para el examen interior de los propios actos es completamente personal y debe ser hecha por cada persona individualmente, siendo únicamente aconsejable una ayuda capacitada en las áridas sesiones del principio del trabajo.

Durante o después de los momentos de meditación, hay que evitar cualquier pensamiento pesimista. Es común que al principio, ante la dificultad para concentrarse y canalizar la imaginación, la persona llegue a la conclusión de que no puede hacerlo, eso le impedirá realizar progreso alguno.

Después de que se haya logrado una fácil concentración mental, será entonces el momento de comenzar a intentar transcender, no antes.

Con los parpados de los ojos cerrados se continuará mirando al frente como si estuvieran abiertos, al tiempo que se dirigirá el pensamiento hacia los entes protectores de otro plano mostrando la buena disposición y deseo de acercarse al Bien.

La abundante repetición del contacto mental con los entes protectores producirá sensaciones nuevas que harán notar que se esta siendo oído. A partir de este momento estará en cada uno, y según actúe, el resultado que vaya obteniendo el cual podrá evaluar por si mismo.

Cualquier persona, sin importar su preparación en la vida, puede lograr realizar, con respecto a si misma, lo que se proponga si verdaderamente lo desea y está firmemente convencida de que puede lograrlo. Es preciso estar consciente de que todo logro es siempre el resultado de un trabajo, esfuerzo o sacrificio previo. Ninguna reacción se produce sin una acción anterior que de lugar a ella.

Capítulo **27**

Como el estado de ánimo afecta nuestra vida

De acuerdo con lo expuesto en capítulos anteriores, no hay razón para temer a la muerte; de todas formas es comprensible el interés de la gente en vivir lo más posible porque es una tendencia natural; el deseo de prolongar la vida es un instinto racional de todos los seres humanos.

Entre las razones de este instinto básico de la gente, una es la incertidumbre de cómo será otra dimensión de vida o si siquiera existe, este grupo incluye a quienes dicen: ¡después de esta vida no hay nada! Otros aunque están convencidos de la continuación de la vida después de la muerte, no desean perder alguna persona amada o los bienes que han acumulado en esta vida y todavía otra razón puede ser el temor a la evaluación que de su comportamiento en esta vida se pueda hacer después.

Por supuesto pueden encontrarse muchas otras razones pero en todo caso si se pretende vivir muchos años lo importante es vivir bien, y vivir bien es vivir saludablemente sin dolor o enfermedad, es decir, manteniendo en buenas condiciones la capacidad de movimiento por uno mismo sin necesidad de la asistencia de otros y la claridad mental.

Lo que sigue son precisamente algunos consejos para mantenerse saludable, pero como en todo hay algunas limitaciones que a este respecto se refieren al momento en que se comiencen a practicar estos consejos y a su condición física en dicho momento.

Desde su nacimiento, el cuerpo crece hasta que todas sus facultades están bien desarrolladas, entonces en condiciones normales de salud, salvo posibles excesos nocivos, se conserva una buena salud hasta alrededor de los cincuenta cuando la línea del grafico de la salud comienza a mostrar tendencia a declinar porque el cuerpo no está produciendo eficientemente algunos elementos químicos y debe suministrársele alguna ayuda en forma de vitaminas y minerales para compensar la deficiencia.

Si se comienza a practicar una forma saludable de vida en el apogeo de la salud se obtendrán los mejores resultados, si en ese momento hay alguna deficiencia, el resultado dependerá del grado de dicha deficiencia.

¿Es algo laborioso lo que debemos hacer? No, lo único que tenemos que hacer es sentirnos felices.

Ser feliz es una filosofía de vida la cual aunque pueda parecer muy simple necesita suficiente fuerza de voluntad especialmente debido a lo complicado de esta forma de vida moderna con tantos factores externos afectando a los hombres, pero quien considere que tiene suficiente fuerza de voluntad puede empezar.

El estado de ánimo de la gente condiciona su vida. Esto, aunque no puede ser afirmado de una forma categórica está corroborado por amplia evidencia científica. Las causas no se conocen pero los efectos si y tienen que ver con el estado de ánimo de las personas. Así, un buen estado de ánimo produce salud y uno malo produce enfermedad.

Se que más de un lector estará pensando: ¡esto es fácil de decir! La vida está llena problemas que no podemos evitar y muchos de ellos gratuitos que no proceden de nosotros. Es cierto, se eso, pero recuerda lo que hemos dichos pocas líneas mas arriba: ser feliz es una filosofía de vida.

Ahora, además de lo ya comentado en el capítulo relativo a los sentimientos, mencionaremos cuales sentimientos son saludables y cuales nocivos. La filosofía a adoptar con respecto a ellos seguirá después.

Algunos de los sentimientos, actitudes y actividades saludables que debemos tratar de mantener constantemente son: La alegría, la sonrisa, la quietud, la admiración, la compasión, el amor, el aprecio, la amistad, el perdón, el sexo, el sueño, el descanso, socializar, meditar y ayudar a otros.

Los sentimientos, actitudes y actividades nocivas que debemos evitar siempre son: El orgullo, el tedio, el pesimismo, la congoja, la ira, la desesperación, el miedo, la angustia, el odio, el deseo de venganza, la depresión, los celos, la avaricia, la rabia, el egoísmo y la envidia.

Sentimientos, actitudes y actividades saludables hechas con buen ánimo producen un sano desarrollo de las células y afectan la vida hasta el punto de que pueden ser un factor de sanación. Las causas físicas de esto no pueden ser categóricamente afirmadas. Hay muchas teorías acerca de las razones por las que las diferentes formas de buen ánimo afectan positivamente la salud, pero ninguna de ellas, en mi opinión, puede ser considerada definitiva.

Se ha dicho por ejemplo que la producción de Serotonina motivada por tales variantes de buen humor es un factor de salud, pero es también es cierto que la Serotonina en ciertos grados es también un factor de enfermedad.

Por otro lado se encontró que la mayoría de los casos de depresión clínica intensa aparecían asociados con el factor de mal estado de ánimo.

Las diversas variantes de mal estado de ánimo y sentimientos negativos afectan adversamente la salud; tal vez la razón principal es que los sentimientos, actitudes y actividades nocivas producen hormonas de estrés como la Hidrocortisona (Corti-sol) que se convierten en depresión cambiando buenos hábitos en otros dañinos por sus consecuencias para el organismo.

De cualquier modo sin entrar en especulaciones, lo que es seguro es que sentimientos saludables junto con un buen ejercicio físico mantendrá el cuerpo y la mente saludables.

Por otro lado, periodos prolongados de sentimientos, actitudes y actividades nocivas producirán un deterioro del organismo favoreciendo enfermedades que pueden tener consecuencias fatales.

Quizá podamos resumir todo en el estribillo de esa famosa canción: **Don't worry, be happy!** (¡No te preocupes, se feliz!)

Epílogo

Algunas de las afirmaciones hechas en los capítulos anteriores, se que producirán escepticismo en algunos lectores, ¡Es natural! A mi me ocurriría lo mismo. ¿Como pueden hacerse afirmaciones sobre el alma, el espíritu, Dios, la vida después de la vida y cosas similares? Estoy de acuerdo.

Recordaran que he comentado anteriormente que no hay razón para que alguien crea algo simplemente porque otra persona lo ha dicho. Todo necesita ser comprobado, verificado, si no, conociendo la naturaleza humana estaríamos expuestos a ser engañados y a nadie le gusta que le engañen.

He comentado también que cualquier información relativa a algo inmaterial como puede ser el alma, u otro nivel de existencia, no puede ser verificada en nuestro mundo, incluso algunas personas cuyos dotes por encima de lo normal fueron verificados por prestigiosos científicos en condiciones de total seguridad, nunca tuvieron control sobre sus facultades, sino que se producían independientemente de su voluntad.

Visto lo dicho, la consecuencia y pregunta lógica es: ¿Por qué escribir sobre algo que

286

pocos van a creer? Es muy simple. Personalmente estoy consciente y absolutamente convencido de todo lo que se ha dicho. Explicar la razón de mi certeza nos llevaría a más preguntas con respuestas indemostrables. Nada de lo que se ha expuesto puede hacer daño a nadie, por el contrario puede ser útil a muchos, y si es así, darlo a conocer es un deber. Finalmente, como también se dijo anteriormente, no pretendo inducir a nadie a creer algo, porque cada persona esta completamente capacitada para distinguir entre bueno y malo y para sacar conclusiones.

A lo largo de mi vida tuve varias experiencias extrañas, aunque ten esporádicas como incontrolables. Durante muchos años no encontré explicación para ellas ni tampoco lo intenté, era algo simplemente desconcertante que yo guardaba para mi mismo, y aunque suponía que posiblemente todo el mundo tenía tales experiencias, por si no fuese así, me abstuve de comentarlas, pero sin duda estas experiencias me permitieron aclarar muchos conceptos y verificar la verdad o falsedad de otros, así como tener una mejor capacidad para analizar cualquier situación. Para mi, que lo he vivido, estos contactos son ciertos e invalorables, sin ellos la mayoría de las preguntas que me he hecho en la vida continuarían sin respuesta.

De cualquier modo, independientemente de tales experiencias, he podido estar consciente de que al menos hay un ser que cuida de mí, que está pendiente de mí todo el tiempo. En realidad, salvo aquellos que lo rechazan con su forma de comportarse, todas las personas tienen un guía que cuida de ellas, lo que pasa es que no todo el mundo acepta ser guiado.

Desde hace mucho tiempo me siento guiado, bien guiado, porque si en algún momento en otro tiempo, si llevado por la tendencia humana a lo material llegué a considerar aunque solo fuera en mi mente algo que se apartara en lo mas mínimo del marco de la equidad, de alguna manera me sentía llevado a reflexionar y a rechazarlo. Esta presencia invisible además de ser una ayuda me dio confianza en el presente de cada día y en el futuro, me hizo ver a la muerte como algo natural, incluso con curiosidad. Ha sido una ayuda invalorable que no se como agradecer sino manteniendo la bondad y la justicia como un motivo de vida.

Nunca intenté forzar tales experiencias, porque desde hace mucho se que ese no es Asunto de mi eleccion, es en otro nivel donde deciden "que" y "cuando", no nosotros. Solo sabemos lo que se considera que necesitamos saber, un conocimiento total nunca es permitido.

*   *   *

Navegaba en un día gris con un viento suave entrando aproximadamente a 30 grados por el frente de babor, las dos velas tensas y el barco ligeramente inclinado hacia estribor. Reclinado sobre el no muy cómodo soporte que servia de respaldo mantenía el timón en rumbo engolfado en la deliciosa sensación de la brisa marina y el peculiar sonido del barco al ir cortando las olas.

Giré la vista hacia ambos lados sin poder ver otra cosa que las nubes bajas que tapaban el horizonte y los reflejos plateados que la luz del amanecer producía sobre el gris plomo de las olas. Gotas de agua arrastradas por el viento me rociaban la cara con frecuencia y mientras me pasaba una mano sobre el rostro para secarlo, mis pensamientos quedaron en blanco por un instante para enseguida inundar mi mente de nuevo desenfocando el paisaje que empezó a quedar un poco en segúndo plano.

Comencé a experimentar una sensación conocida por haberla sentido otras veces especialmente durante la noche, pero nunca en un marco como aquel en el que la naturaleza imponía su fuerza y su dominio. Desde que comenzó mi guardia al timón, mis amigos después de las conversaciones hasta tarde la noche anterior, dormían con esa placidez con que algunas personas duermen en las horas del amanecer, a lo que contribuía el rítmico movimiento y el sonido de las olas al ser cortadas por el barco. Desde mi posición podía ver la escotilla que daba acceso al interior de la embarcación pero solo la veía como una mancha de sombra mientras que el entorno se había convertido en una difusa masa gris plata.

Sentí como otras veces la desazón y la embriaguez de una presencia invisible. Bajo el traje de aguas la piel de mis brazos se erizó y un suave escalofrío recorrió mi espalda. Por un momento, quedé en espera absorto en una especie de éxtasis, un orgasmo mental de silencio que ni siquiera el sonido del mar perturbaba, pero que fue roto por la voz de mi amigo que asomándose por la escotilla con el pelo revuelto preguntó: ¿Preparo el desayuno? Tal vez las esperamos a ellas conteste automáticamente casi en un susurro aun bajo la influencia de la reciente interrumpida experiencia. ¡Bien! Dijo mi amigo al tiempo que salía para sentarse a mi lado en el "cockpit". El paisaje había vuelto a tomar carácter y el sonido de las olas parecía ahora mas intenso.